DRC

国务院发展研究中心
学 术 文 库

深化改革开放
与加快海南国际旅游岛建设

Promote Hainan to an
International Tourism Island
by Further Reform and Opening-up

国务院发展研究中心课题组◎著

中国发展出版社
CHINA DEVELOPMENT PRESS

图书在版编目（CIP）数据

深化改革开放与加快海南国际旅游岛建设/国务院发展研究中心
课题组著 . —北京：中国发展出版社，2014.4
ISBN 978-7-80234-720-5

Ⅰ. ①深…　Ⅱ. ①国…　Ⅲ. ①地方旅游业—旅游业发展—研究—
海南省　Ⅳ. ①F592.766

中国版本图书馆 CIP 数据核字（2014）第 029053 号

书　　　名：深化改革开放与加快海南国际旅游岛建设
著作责任者：国务院发展研究中心课题组
出 版 发 行：中国发展出版社
　　　　　　（北京市西城区百万庄大街 16 号 8 层　100037）
标 准 书 号：ISBN 978-7-80234-720-5
经 销 者：各地新华书店
印 刷 者：北京明恒达印务有限公司
开　　　本：700mm×1000mm　1/16
印　　　张：13.25
字　　　数：161 千字
版　　　次：2014 年 4 月第 1 版
印　　　次：2014 年 4 月第 1 次印刷
定　　　价：40.00 元

联 系 电 话：（010）68990625　68990692
购 书 热 线：（010）68990682　68990686
网 络 订 购：http：//zgfzcbs. tmall. com//
网 购 电 话：（010）88333349　68990639
本 社 网 址：http：//www. develpress. com. cn
电 子 邮 件：lijian2025@163. com

"深化改革开放，加快推进国际旅游岛建设" 课题组

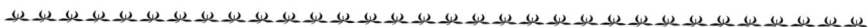

总负责人	李　伟　蒋定之
执行负责人	张军扩　张焕南
课题协调人	侯永志　熊安静
总报告成员	张军扩　侯永志　张焕南　王　辉
	黄　斌　刘　锋　陶平生
专题一成员	罗雨泽　赵晋平　熊安静
专题二成员	王　微　陈　昭
专题三成员	谷树忠　李维明
专题四成员	刘云中　刘　勇　宣晓伟　侯永志
专题五成员	来有为　龙海波
专题六成员	孙志燕　何建武　卓　贤　刘培林
专题七成员	张承惠　雷　薇　黄　俊

序言一

海南是祖国南海一颗璀璨的明珠，是我国最大的经济特区，是令人神往的旅游胜地。建设国际旅游岛不仅关系着海南 800 万人的幸福生活，而且牵动着深化改革开放、加快转型发展的全局，既是区域问题，也是国家战略。

2012 年 10 月，时值十八大召开前夕，我带队到海南调研新型城镇化问题。其间，我与蒋定之省长进行了深入交流。我们达成一个共识，那就是：推进国际旅游岛建设，深化改革开放是根本；把国际旅游岛的发展定位和最大经济特区的改革定位结合起来，是海南最大的比较优势所在。我们商定，由国务院发展研究中心牵头开展"深化改革开放，加快推进国际旅游岛建设"课题研究，旨在通过研究，为落实国家战略、促进海南发展提出更为明确、有效的政策建议。

为此，我们成立了由我和蒋定之省长任总负责人、张军扩和张焕南两位同志任执行负责人的课题组。中心和海南省共有 20 多位学有专长的专家参与其中。

一年多来，课题组开展了扎实深入的研究。在海南方面的大力支持配合下，课题组深入岛内进行实地调研，与省直相关部门、各市县和有关企业进行了充分的座谈交流，掌握了大量的第一手信息资料，对国际旅游岛建设的进展、现状和面临的问题有了清晰的认识。在研究过程中，课题组多次召开讨论会、座谈会，集思广益，群策群力，充分论证，并对照借鉴世界一流旅游城市、景区的经验和运营方式，数易其稿，终于完成了总报告和7个专题报告。总的来看，课题研究准确把握了现阶段海南经济社会发展的主要矛盾，顺应了国内外产业升级和转型发展的大趋势，突出了深化改革开放这条主线，提出了一揽子符合实际、切实可行的政策建议。应该说，这是一项凝聚着大家聪明才智、饱含着对海南人民深情厚谊的成果。

当前，我国已进入上中等收入国家的行列，经济社会发展正处于关键阶段，机遇与挑战并存，光明前程和激流险滩同在。从国际看，全球经济仍处在金融危机引发的大调整大转型之中，世界政治格局和力量对比深刻变化，科技创新和产业升级孕育突破，发展环境复杂性和不确定性持续增加。从国内看，要素成本上升，资源环境约束增强，经济潜在增长率下降，社会领域矛盾日益凸显，转变经济发展方式的迫切性，以及创新社会治理、维护社会和谐稳定的紧要性，比以往任何时候都要突出。在这样的历史关头，只有按照十八届三中全会部署和习近平总书记一系列讲话精神的要求，全面深化改革、加快转型发展，才能战胜艰难险阻、攻克坚固堡垒，推动国家现代化顺利迈上新的更高阶段。

作为全国最大的经济特区，作为对外开放的重要前沿，在全面深化改革的新时期，海南肩负的使命不是轻了，而是更重了。海南应通过更加深入的改革和更加大胆的开放，破除制约旅游业和现代服务业发展的体制机制障碍，构建有利于要素自由流动的制度环境，率先建立与国际接轨的发展机制和政策环境，早日建成国际一流水平的旅游度假胜地和海南人民的幸福家园，担当起改革开放探索者、转型发展试验田、欠发达地区同步小康寻路人和南海资源开发战略依托的历史重任。

国务院发展研究中心作为国务院直属的政策研究和咨询机构，长期以来致力于经济社会发展中的全局性、综合性、战略性、长期性、前瞻性问题和热点、难点问题研究，为党中央、国务院提供高质量的决策咨询服务。目前，中心正在按照习近平总书记、李克强总理的重要指示精神，全面推进"一流智库"建设。深入实地调研，加强与各省市的学习交流，是建设"一流智库"的一项基本功，必须扎扎实实做好。

这次与海南省的合作研究，加深了我们对国际国内形势和战略全局的认识，使我们更全面更透彻地了解了经济社会发展的实际，锻炼了自己的研究队伍，提升了为党中央国务院做好决策咨询服务的能力。我也期待着本课题的研究，能够对国际旅游岛建设起到凝聚共识、拓展思路、促进改革、把握机遇的积极作用。倘若如此，我们将深感欣慰！

由于时间、水平所限，研究报告仍有不少需要进一步深化、完善的地方，也请海南各级领导同志和广大读者提出宝贵意见和建议。我真诚希望，未来中心和海南省能够有更加广泛和深入的合作，为全面深化改革、加快落实国家推进国际旅游岛建设战略作出更大贡献！真诚希望海南在现代化的征程中快马扬鞭、取得新的辉煌成就！

国务院发展研究中心主任

2014 年 4 月

序言二

由国务院发展研究中心（以下简称"国研中心"）主持的课题"国际旅游岛建设与深化改革战略研究"，历时近一年，终于行将结题。这是近年来国研中心为数不多的以一个地方为研究对象的综合性课题。对这个课题，我们非常看重，抱有很大的企盼和期待。

这一课题的领衔担纲者、国研中心主任李伟，曾长期担任朱镕基同志的秘书，做过国务院研究室、银监会、国资委等多个部门的领导，有着丰富的领导经验和很高的学术造诣。我从江苏调到银监会后，由于工作上的关系，经常就一些问题向他讨教与咨询，他深厚的理论功底、卓远见识和敏锐目光，总使我收获诸多惊喜与启发。李伟同志到国研中心工作后，带领他的优秀团队，完成了一系列重大课题的研究，把智库作用发挥到了新的高度，可谓成就卓尔、著作颇丰，每每捧读，获益匪浅！这样一种体会，或者说情结，催生了我的一个夙愿，就是有机会与国研中心一起，开展一些课题的合作研究。主持海南省政府工作后，经济社会发展和国际旅游岛建设面临的一系列新情况、新问题，迫切需要从理论和实践上作出探索、找到答案，借智引脑的想法也就更为强烈。

2012 年 10 月，李伟同志率队到海南开展新型城镇化、城乡一体化专题调研。期间，我向李伟同志提出帮海南研究一些重大问题的请求。李伟同志问，依你之见，推进国际旅游岛建设，最需要的是政策还是改革？

我说，我的认识，任何一项政策都有边际效应，政策是用得完的，如果把发展的希望押宝在政策上，而不从体制机制上动手，不从内生动力上解决问题，是不大靠得住的，也是不可持续的。从这个意义上认识问题，当下海南最需要的还是改革。这一看法和李伟同志的观点想到了一处，我们找到了一个共同的关切点，商定把深化改革作为课题的研究方向。

习近平总书记强调，改革开放是决定当代中国命运的关键一招，是决定实现"两个100年"奋斗目标、实现中华民族伟大复兴的关键一招。李克强总理指出，改革是最大的"红利"。作为我国最大的经济特区，海南因改革而生、因改革而兴，无论是过去、现在还是将来，改革始终是海南的灵魂和生命。建设国际旅游岛，走海南特色的发展路子，需要深化改革；促进经济社会转轨转型，解决制约发展的深层次矛盾和问题，需要深化改革；扛起经济特区的责任担当，在新一轮改革开放中继续当好"试验田"、"排头兵"，同样需要深化改革。改革这篇文章能做多大，发展的空间就有多大，跨出的发展步子就有多大，对于岛屿型经济体，尤其如此。我想，这正是我们这个课题的意义和价值所在，也是我们确定这个课题的基本出发点。

国研中心对课题高度重视，成立了由20多位专家、学者组成的课题组。在深入调研考察和论证的基础上，几经上下、数易其稿，先后完成了总课题和7个专项课题的研究，取得了重要研究成果。总课题从目标、重点、路径和实施步骤上，对进一步深化改革、推进国际旅游岛建设，提出了比较全面和系统的政策建议；专项课题则分别对建设自由贸易区、发展现代服务业、南海资源开发、特色城镇化建设、金融支持海洋经济发展、转变政府职能、强化人才支撑等事关海南发展全局和长远的重大问题，提出了前瞻性、针对性、操作性的对策意见。这些具有建设性的研究成果，突出了改革主题，彰显了改革精神，在理论和实践上实现了诸多创新与突破，是对海南全面深化改革的最新探索和规划引领，对推进国际旅游岛建设具有非常重要的指导和参考价值。

当前，海南全省上下正在认真学习贯彻党的十八届三中全会和省委六届五次全会精神，聚精会神落实和推动全面深化改革的各项工作。在这样的新形势下，我们决定将这一课题的研究成果结集出版，以供海南的同志，以及关心海南发展和建设的各界人士研究、参考。我相信，研究成果的结集出版，对于我们更加全面、深刻学习领会党的十八届三中全会精神，更加扎实、有效推进海南各项改革，一定会起到很好的借鉴和促进作用，更期待这一研究成果在我们海南这片改革热土上落地生根，结出丰硕成果。

课题组成员为海南的发展付出了辛劳和智慧，在此，我代表海南省政府，向所有参与课题研究的同志们表示衷心感谢！

海南省省长　蒋定之

2014 年 4 月

目　录
Contents

总报告 | 深化改革开放，加快
推进国际旅游岛建设

2009 年国务院颁布《关于推进海南国际旅游岛建设发展的若干意见》（以下简称《意见》），将海南国际旅游岛建设上升为国家战略。三年多来，在中央大力支持和海南的积极努力下，国际旅游岛建设取得了重要进展，在旅游业及其相关产业加快发展的带动下，海南经济社会发展迈上了快速发展的轨道。面对党的十八大以来新的发展形势和党中央国务院对海南发展的新要求，必须赋予海南国际旅游岛建设以新的内涵，必须形成更加有力的政策支撑体系，以使海南能够更好地履行肩负的新使命，更快地建成国际一流水平的旅游度假胜地和海南各族人民的幸福家园。

一、建设国际旅游岛战略必须长期坚持

把海南建设成为国际旅游岛的战略是党中央国务院做出的支持海南加快发展的重大部署，符合海南的比较优势，适应国家发展阶段转变和经济结构转型升级的总体趋势，是完全正确的，应在不断丰富其内涵的基础上，持之以恒地贯彻实施，真正把海南岛建设成为国际一流水平的旅游度假胜地。

1. 国际旅游岛建设取得积极进展

三年多来，海南紧紧围绕国际旅游岛建设的战略目标，解放思想、深化改革、扩大开放，积极落实各项优惠政策，加快完善交通通讯等基础设施，着力开展旅游市场综合整治，着力改革旅游管理体制，着力推进国际医疗旅游先行区、国际旅游岛先行试验区建设，着力提升旅游业和现代服务业质量，着力构建现代产业体系，为海南省建成国际旅游度假胜地和各族人民的幸福家园，为海南省与全国同步全面建成小康社会和走向高收入社会奠定了新的产业基础、设施基础、环境基础和制度基础。

一是经济实力明显增强。在国际旅游岛建设的推动下，海南旅游业迅速发展，经济实力明显增强。2010～2012年，海南累计实现旅游过夜人数8909万人次、旅游业收入960.8亿元，分别年均增长13.8%和21.4%，旅游业增加值比重从6.3%增至7.1%。同期，海南GDP从1647亿元增至2856亿元，年均增长12.3%，比全国同期平均增速高3.4个百分点；地方公共财政收入从178亿元增至409亿元，实现三年翻番；人均GDP从19166元增至32374元，增长1.7倍，超越5000美元大关，与全国平均水平的差距持续缩小。

二是现代产业体系建设步伐加快。2012年第三产业增加值达到1340亿元，占GDP的46.9%，2010～2012年均增长16.3%，远超全国同期平均增速，形成了旅游、现代物流、金融和保险、信息软件等七大服务产业。同时，油气化工、汽车及装备制造、新能源、新材料、电子信息和生物制药等新型工业快速发展，海洋渔业、滨海旅游、海洋运输等海洋产业不断壮大，热带特色农业产能和竞争力明显提高，海南特色的现代产业体系正在形成。

三是人民生活持续改善。2012年海南城镇人均可支配收入20918元，农村居民人均纯收入7408元，分别是2009年的1.5倍和1.6倍，2010～2012年分别年均增长15%和16%，与全国平均水平的差距正在缩小。三年间，城镇从业人员增加43.3万人，社会保障覆盖面和保障水平稳步提升，率先实现五项社保省级统筹，连续多年民生支出占公共财政支出的比重超过55%，保障性住房、教育、医疗等民生建设成效显著，国际旅游岛建设的成果越来越多地惠及广大居民。

四是生态质量不断提升。"绿化宝岛"行动取得明显成效。2012年海南森林覆盖率达到61.5%，城市建成区绿化覆盖率38.5%，地表水环境质量总体为优，绝大部分近岸海域保持一、二类海水水质，城市环境空气质量处于全国前列。大力淘汰落后产能，严格限制"两高"行业，严控能源消费总量和污染物总量。建成覆盖全省的垃圾污水处理体系，全省城镇生活污水和垃圾集中处理率均达到75%以上。

2. 新时期海南应当肩负新使命

建设国际旅游岛，是站在改革开放的新起点，国家赋予海南的重要历史使命。当前我国正处于全面深化改革、加快转型发展的关键阶段，面临着纷繁复杂的国际国内新形势，对海南发展提出了新的要求，国际旅游岛建设应具有新的内涵。

首先，我国经济社会发展进入新阶段，全面建成小康社会成为发展新要求。要素成本上升，资源环境约束增强，经济将从高速增长转向中高速增长。同时，全球经济低速增长将成为一种常态，世界各主要国家在新技术革命方兴未艾的背景下将围绕占领发展制高点展开激烈竞争，包括休闲旅游消费需求日益增长在内的需求结构调整将不断深化。要使我国经济持续快速健康发展，必须加快转变发展方式和促进经济结构优化升级，必须使经济增长更多地依靠消费和服务业带动。各地必须以提升经济发展的质量和效益为核心，推动发展方式的转型，打造经济升级版。

其次，党的十八届三中全会面对经济社会发展面临的新机遇、新挑战和人民群众对于发展的新期待，提出了全面深化改革的新要求、新任务。目前，改革已进入"深水区"，有"险滩"，也有"激流"。改革闯关，需要勇气和胆识，需要科学的、系统的顶层设计的指导，也离不开各地发挥积极性、创造性，结合自身实际，为改革探路。三中全会的召开掀开了我国对外开放的新篇章，将重点推进金融、教育、文化、医疗等服务业领域有序开放，放开育幼养老、建筑设计、会计审计、商贸物流、电子商务等服务业领域外资准入限制，进一步放开一般制造业。服务业的对外开放迥异于制造业的对外开放，影响广泛而深远，与占领全球价值链高端高度相关，攸关国家经济社会乃至政治安全。服务业对外开放，既要积极果敢，又要在总结历史经验和各地探索所取得的新经验的基础上，谋定而后动。

再次，南海形势日趋复杂，面临的挑战日益严峻。随着美国战略重心东移，有关国家不断加大对我南沙岛礁和南海油气资源的非法侵占及开发力度，在这一背景下，切实增强海洋维权能力、加快开发南海资源的紧迫性日益突出。维护我国南海正当权益，需要加快建立和建设支撑南海资源开发的前方和后方基地。

因此，新形势下国际旅游岛建设肩负着新的战略使命。

第一，为深化改革开放探路。海南是最大的经济特区，拥有中央赋予的改革先行先试权。在全面深化改革开放的新阶段，海南应抓住有利时机，把建设国际旅游岛战略的实施与最大经济特区的制度和政策优势有机结合起来，在使市场在资源配置中发挥决定性作用，转变政府职能、形成新的政府和市场关系方面，特别是在深化旅游业改革创新、探索服务业发展新机制、推进自由贸易等领域走在全国前列，当好改革开放"排头兵"和"试验田"。应开辟和拓宽旅游业和现代服务业对外开放的路径，深化国际经贸合作和文化交流，在中国与东盟自由贸易区建设中发挥桥头堡作用，为中国更多分享全球化和区域经济一体化的"红利"作出积极贡献。

第二，为转型发展示范。加快经济结构调整，实现转型发展，打造中国经济升级版，是当前面临的迫切任务。海南开发较晚，发展具有后发优势，要依托海南区位条件和资源禀赋优势，积极发展服务型经济、开放型经济、生态型经济，着力构建以旅游业为鲜明特色、现代服务业和先进制造业为主导的产业结构体系，走出一条不同于传统模式的现代化道路，在全国推动转型发展中发挥引领示范作用。

第三，为欠发达地区同步实现小康寻路。在我国中西部甚至沿海，还存在着不少贫困地区，是全面建成小康社会的重点和难点。这些地方发展基础差、资源环境承载力薄弱。如何在使它们尽快摆脱贫困、与全国其他地区同步建成小康社会的同时，又使其生态环境得以保护和改善，是我国新时期发展面临的重大课题。海南发展起步晚，尚处于欠发达阶段，历史包袱小，拥有省直管县的体制优势，在统筹城乡发展、探索新型工业化、城镇化道路方面具备有利条件，应积极成为欠发达地区同步实现全面小康社会的寻路者。

第四，为实施南海战略提供服务保障。南海海域辽阔、资源丰富、开发潜力巨大，有望成为我国海洋经济的主战场、支撑未来发展的新空间。海南战略地位特殊，在维护国家海洋权益、推进南海资源开发中责无旁贷，必须统筹国际旅游岛建设与南海资源开发，为经略南海、开发南海提供有力保障。

3. 国际旅游岛建设面临新机遇

全面深化改革开放拓展了海南发展新空间。当前我国已进入全面深化改革开放的新阶段，十八届三中全会在政府职能转变、城乡建设用地市场、财税体制、金融市场体系、开放型经济体制、文化体制机制、社会治理体制和生态文明制度等领域均明确了改革措施或方向，这将极大地扩展海南改革开放先行先试的空间，使得海南在区划调整、政府机构设置、服务业对外开放、推进自由贸易、建设生态文明等改革探索的余地更大、自由度更高，将释放巨大的制度红利。同时，以上海自贸区建立为标志开启的对外开放新局面，也为海南在离岸金融、文化娱乐、教育培训、健康医疗、航运服务等政策领域寻求突破提供了有利时机。

全球和中国需求结构调整凸显海南新优势。近年来全球经济低速增长，但需求结构继续发生着较大的变化，旅游消费仍保持年均约7%的增速。据预测，2030年全球旅游人数将超过18亿人次，旅游业有望成为全球最大、最具活力的产业。同时，随着居民收入水平的提高和消费观念、消费行为的变化，国内居民需求结构也会进行新的调整，旅游消费需求将快速增长，国民旅游休闲时代将很快到来，城乡居民对生态产品的需求日益迫切，海南旅游和生态资源优势将更加突出。

南海资源开发带来产业发展新契机。南海具有独特的自然景观和生态资源，开发这些资源将有助于海南构筑特质显著的旅游产品体系，有利于海南打造世界一流的热带海洋旅游度假胜地。同时，南海还具有丰富的渔业、油气、矿产、海水及可再生能源资源，开发这些资源将为海南发展海洋装备制造、海洋生物医药、海水综合利用、海洋新能源、现代海洋服务等海洋战略性新兴产业创造广阔空间，是海南加快构建现代产业体系的重要契机。

中国与东盟区域合作深化凸显海南战略地位。海南背靠粤港澳，是我国西南地区走向世界的前沿，与东盟四国隔海相望，处于亚洲和大洋洲、太平洋和印度洋的交通节点。在中国与东盟区域合作日益深化、自由贸易区谈判有望取得突破性进展的背景下，海南有望借助特殊的区位和体制优势，整合我国西南沿边沿海开放资源，全面深化与东盟国家的贸易投资、资源开发、旅游业发展和文化交流合作，成为中国与东盟各国沟通了解的重要平台、中国—东盟自由贸易区建设的桥头堡。

当然，也应看到海南国际旅游岛建设也面临一些重要挑战，包括：近期世界经济增长前景不明，旅游需求增长受到制约，国内外旅游市场竞争日趋激烈；在市场经济体制臻于完善、各地竞相进行改革开放先行先试的背景下，海南的体制和政策优势可能减弱；受经济发展阶段制约，生态环境保护与产业发展、居民增收之间的矛盾突出等。只有战胜这些挑战，海南国际旅游岛建设才能顺利推进。

二、建成国际旅游岛，海南还需要突破体制机制制约，付出艰辛努力

1. 典型国际旅游岛特征明显

海南建设国际旅游岛，首先要明确国际旅游岛的标准，以找准标杆，充分利用后发优势，少走弯路，加快缩小与国际旅游岛的差距。考虑到海南作为一个省级单元，与夏威夷、佛罗里达和济州岛更具可比性。本报告拟从8个方面对之进行对标分析。

总体而言，典型的国际旅游岛不仅有国际竞争力很强的旅游及相关产业，一般还拥有结构相对完备、独具特色的现代产业体系，尤其是高度发达的现代服务业体系。同时，国际旅游岛的人员、金融、投资、商品等跨国流动较为便捷，政策相对优惠，文化氛围浓郁，环保制度严格，社会多元开放，民众热情包容。

表1   对标典型国际旅游岛的基本情况

地区名称	夏威夷	佛罗里达	济州岛	海南
所属国家	美国	美国	韩国	中国
地区性质	联邦州	联邦州	特别自治道	省/特区
总人口（万人）	137.5	1931.8	59.2	877
国土面积（平方公里）	28337	170451	1846	35400
地区GDP（百万美元）	66991	754255	10016	45236
人均GDP（美元）	48728	39578	18134	5147
三次产业结构	—	1:9:90	18:4:78	25:28:47
游客量（万人次）	729.9	8730	652.4（2009）	3320.37
国际游客比重	36.5%	—	9.7%	2.5%
旅游业增加值比重	18%	6.2%	29.2%（2007）	7.1%
主要客源市场	美国、日本	美国、加拿大	韩国、中国	中国
其他支柱产业	军事工业、房地产、热带农业	现代服务业、高新技术	医疗、影视、高新技术产业	热带农业、油气产业等

注：如无特殊说明，海南为2012年数据，其他为2011年数据。

（1）旅游产业发展

国际旅游岛游客平均停留时间多超过4~5晚，旅游产品除海滩旅游度假以外，还包括免税购物、自然观光、会议会展和体育运动，近年来健康养生、主题公园、邮轮度假等特色旅游产品快速发展。

表2   主导旅游产品的对标分析

地区名称	夏威夷	佛罗里达	济州岛
度假酒店	仅次于纽约和旧金山的世界第三热门酒店市场，仅次于纽约的高端酒店市场	美国人的避寒胜地和养老家园	775家（2.7万间）旅游酒店和公寓
自然观光	7个国家公园、77个州属公园	3个国家公园、1个国家保护区和160个州立公园	4个国家保护区，1个省级海洋公园，韩国最高峰汉拿山

续表

地区名称	夏威夷	佛罗里达	济州岛
购物/博彩	全美最大的市中心免税商城，梅西百货等众多商场	高中低档完备的购物中心	7 家免税店和 8 家外国人专用赌场
会议会展	夏威夷会展中心，夏威夷旅游局专设机构负责会展业务开发	奥兰多为全美最佳会展地点，会展业产值巨大	举办系列国际会议，济州国际会展中心为亚洲前列国际会展旅游目的地
体育运动	66 个高尔夫球场、279 个公共网球场、众多冲浪地，系列高规格国际体育赛事	超过 1200 个高尔夫球场，PGA、LPGA 等机构总部	西归浦市是韩日世界杯举办城市之一
健康养生	2011 年岛上实际开放病床数量达到 3227 床	美国人养老首选，社区医疗体系完善，太阳城为全美最早最成熟的养老社区	健康医疗和研发产业发达，打造"健康城"，拥有 681 所医疗机构，形成了一站式旅游、健康服务
主题公园	—	11 家世界顶级主题乐园	高价打造影视基地，以《大长今》等推广影视旅游
邮轮度假	—	世界游艇之都，4.4 万艘游艇，2011 年接待游客超千万	适应东亚邮轮度假需求，码头扩建至 8 万吨
其他特色	日本游客的 20% 选择至此蜜月旅游	美国养老度假/居住，迪士尼旅游已成为美国民俗	韩国蜜月首选

（2）综合产业体系

在产业体系方面，往往形成以旅游业为基础的综合性现代产业体系。2011 年，佛罗里达旅游业（含休闲和酒店业）仅占 GDP 的 6.2%，金融、保险和房地产业等现代服务业成为主导产业。近年来，佛罗里达高新技术产业发展迅猛，在高新技术产品出口及计算机培训、太空产业和互联网服务就业方面，均居美国前列。夏威夷除旅游业外，军事工业和现代农业发达，房地产等产业占据重要位置。如图1、图2所示。济州岛确立了"4+1"核心战略产业，即旅游、教育、医疗、绿色农业及尖端产业，目前大力建设的济州尖端科学技术园区和济州风险中心，已取得初步成效。

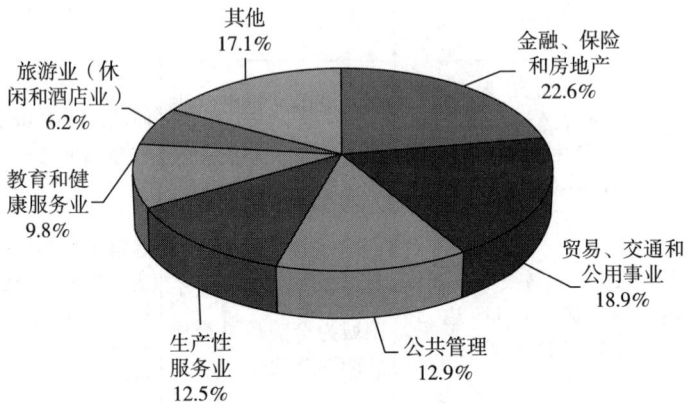

其他 17.1%

金融、保险和房地产 22.6%

旅游业（休闲和酒店业） 6.2%

教育和健康服务业 9.8%

贸易、交通和公用事业 18.9%

生产性服务业 12.5%

公共管理 12.9%

图1　佛罗里达州产业结构

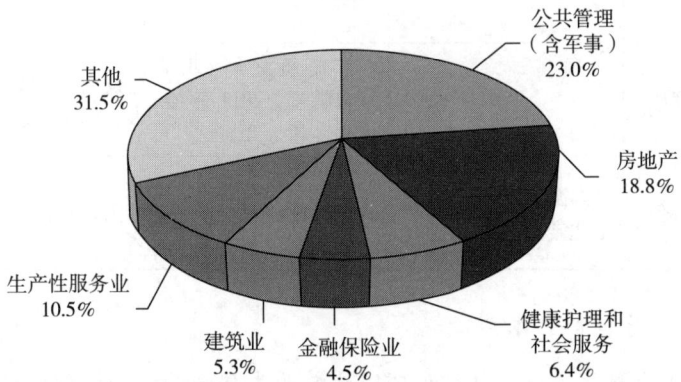

公共管理（含军事） 23.0%

其他 31.5%

房地产 18.8%

生产性服务业 10.5%

建筑业 5.3%

金融保险业 4.5%

健康护理和社会服务 6.4%

图2　夏威夷州产业结构

(3) 人文发展环境

人文发展环境对国际旅游岛至关重要。包容开放的文化氛围是国际旅游岛得以形成的先决条件，独特的文化、民俗等资源是重要的旅游吸引物，人力资源开发、教育培训等产业对旅游发展环境的提升影响重大。

夏威夷是美国唯一白种人不到一半的州，在保持原有的波利尼西亚文化的基础上，与美国主流文化形成了良好的交融互动，这使其成为面向美国和世界展示夏威夷语、四弦琴、传统歌谣的波利尼西亚文化中心。佛罗里达是美国面向加勒比和拉美地区的窗口，迈阿密极具拉丁风情，既吸引了美国国内居民体验异域文化，又包容了大量的国际游客和拉美移民，并在此基础上利用气候优势打造成每年秋冬世界著名的体育、音乐、歌舞剧、杂技等演出地。济州岛在传承传统文化基础上，适应现代游客文化需求，通过影视、媒体、博物馆和美术馆等手段打造东亚爱情岛。

同时，国际旅游岛致力于打造完善的教育培训体系。佛罗里达拥有公、私立大学75所；夏威夷拥有9家公、私立大学，建立了以夏威夷和亚太研究为主的多元化教育体系；济州岛积极打造国家研究基地，拥有4所大学、20多家研究院所，总体学术水平处于韩国中游。

（4）生态环境保护

国际旅游岛均形成了相对完善的生态保护法规体系和有效的环保措施。

一是重点推进地方立法和规划。夏威夷州议会批准了"夏威夷2050可持续规划"，成为生态环境保护的准则。济州岛出台了《景观保护区内开发限制条例》、《生态保护区内限制条例》等多部法案，对土地使用、建筑规范、污水处理、废物处理等做出严格规定。

二是划定生态保护区并设立相应保护机构。佛罗里达成立了海岸和水管理区域环境保护部门，负责监督管理40多个水域、海洋和珊瑚礁保护区。

三是严格限定制造业和采矿业发展，一般只发展和旅游业相关的制造业。佛罗里达的制造业、采矿业比重分别为5.1%和1%，夏威夷只有2.6%和0.05%，均远低于全美平均水平，且制造业也主要是运动装备制造、游艇修造等无污染产业。

近年来，清洁能源利用成为国际旅游岛绿色低碳发展的重点领域。佛罗里达核能和非传统能源占比达18.2%，夏威夷太阳能发电组件装机排名全美第七，并制订了比联邦政策更加优惠的电动车补贴措施。

（5）旅游管理体制

良好的旅游管理体制是旅游业快速健康发展的重要保障。典型国际旅游岛往往较好划分了政府和市场的边界，政府部门致力于数据统计、制定政策、战略规划和营销推广，行业协会在旅游管理中发挥了重要作用。佛罗里达由旅游委员会和州旅游局负责旅游管理，后者具体负责营销、推广、统计和市场分析。夏威夷旅游局主要负责旅游研究、交流推广、市场项目、体验项目和品牌维持项目管理，酒店住宿协会等行业协会，负责沟通市场需求、维护业界利益、规范会员行为、制定行业规范和管理标准、市场调研和品牌推广等。

（6）支撑设施建设

基础设施是国际旅游岛发展的重要条件，典型国际旅游岛都具备完善的基础设施和高效快捷的交通运输体系。佛罗里达的交通基础设施、城市排水、污水处理优于全国平均水平，共有127个公共机场。夏威夷旅游高度依赖航空业，2012年经停的航空座位数达到1010万个，游客航空选择比例超过一半，岛内拥有完善的道路交通体系和公交系统。济州国际机场是韩国第二大机场，年旅客接送能力超过2000万人次，覆盖东北亚很多城市，港口设施有力保障了邮轮旅游发展。

（7）政策措施保障

建设国际旅游岛多为国家战略，中央政府往往在签证、免税、航权（航空航海）开放、博彩业，及产业、人才、公共服务和财税政策等方面给予大力支持。

国际旅游岛签证政策都较宽松，并配合相应的交通、资本、商贸等便利政策。夏威夷免签国家达到 130 个。济州岛特别允许医疗人员无签证逗留 30 天，外国人治疗与疗养可滞留 4 年，允许外国公司经营医院、雇用海外专业资格的医生，允许外国大学在济州开办学校和设立研究所，扩大第五航权范围等。

国际旅游岛都有特殊税收政策。济州岛设立了自由贸易区，免征关税，实行比区外更优惠的税收政策，放宽使用外国货币限制，鼓励国内外游客来岛消费。佛罗里达是美国唯一无个税、财产税和地产税的州，零售税和营业税较低，企业贷款便利，未开发土地售价低。

国际旅游岛多实施优惠投资政策。济州岛最为典型，对国内企业实施"三免二减半"的优惠税率，10 年免征财产税；对国外企业法人税和所得税实施"五免二减半"，15 年免征地方税，减免进口资本关税及与土地开发、资源占用相关的税收；对高新技术、大型综合疗养、旅游宾馆、物流业等企业，达到一定投资额可进一步减免税。

国际旅游岛均制订了符合自身需求的人才吸引和培养计划。上世纪 50 年代佛罗里达就制订了"高级人才借助外来力量，中级人才本州重点培养，低级人才依靠南方廉价劳动力"的策略。夏威夷实行宽松的投资移民政策，门槛仅需 50 万美元，联邦政府对其实行移民计划单列。济州岛规定投资 50 万美元并聘用韩国国民 5 人即享有永居权。

（8）社会民生福利

典型国际旅游岛一般都是社会经济较为发达的地区，人民生活水平较高，社会福利较好。但由于主要面向世界高端游客，也可能造成高端产业发展与当地民众就业和生活需求脱节，因此典型国际旅游岛均采取强力措施确保发展成果居民共享。

夏威夷长期秉持"居民参与、直接受益"原则，专门成立夏威夷原住民接待业协会，引导和培训当地居民参与旅游发展，获得旅游收益。近年来，夏威夷积极开发大岛和欧胡岛以外的岛屿，以促进区域均衡发展。佛罗里达被称为"老年天堂"，除基本公共服务体系十分健全以外，医疗服务尤其便捷完善，且给予当地老年人免费高尔夫等特殊福利。此外，佛罗里达独特的税制结构和较低的消费水平也有效提升了当地居民生活质量。济州岛则在大力完善离岛基础设施和公共服务设施的基础上，特别允许本国国民享受主要为国际游客服务的免税商店、国际学校等机构。

2. 与典型国际旅游岛相比，海南尚存明显差距

与典型国际旅游岛相比，海南国际旅游岛建设虽已取得重要进展，但仍处于主要依靠投入带动的发展初级阶段，在旅游产品质量、管理水平、服务品质和产业体系等方面差距较大，相关政策还不够优惠，国际旅游岛战略和强岛富民政策结合不够，人文发展环境还需进一步优化。

旅游产品质量和配套设施有待提升。一是旅游景区开发水平参差不齐，部分海滩海岛、森林温泉、风情小镇等建设水平距离国际知名景区差距较大。二是旅游产品体系尚不健全，国际赛事、知名演艺等文化性、体验性产品不足，医疗健康、教育培训、邮轮游艇等代表当前旅游发展趋势的产品基础较差。三是国际细分市场产品培育不充分，未能针对主要客源国市场打造优势产品，游客国际化程度和重游率较低。四是旅游配套设施规划建设系统性不够、人性化不足。重大基础设施如空港海港、

高铁高速、星级酒店等建设日新月异，但景区联络交通、港口配套设施衔接性、匹配性不够。

旅游管理水平和服务品质亟需提高。一是政府在旅游市场监管、市场秩序维护、配套制度建设、生态环境保护等方面管理力度不够，不时发生的"欺客"、"宰客"事件和破坏生态环境现象，严重影响海南形象。二是行政管理体制有待优化，权限过于集中于省直部门，市县政府、行业协会的积极性、主动性受到制约，影响了政策执行力度和行政效率等。三是旅游行业服务标准不高，部分高等级景区和高星级酒店的服务品质远远落后于国外同品牌运营商和门店。四是旅游管理和服务欠缺国际化视野，对于国际文化、惯例和他国风俗习惯、饮食住宿等了解不深，难以做到宾至如归的针对性服务。

政策支撑体系还需优化。一些部门和领导思想观念不够解放，对国际旅游岛定位的认识摇摆不定，政策体系缺乏顶层设计，导致一些优惠政策目标不明，落实不力。保护与发展的关系还未完全理顺，海南人民对于发展的热切期待与保持良好生态环境的需要之间的矛盾尚未解决，激励产业发展、财政增收的政策往往给生态环境带来新的压力。政策沟通协调机制不够有效，部分亟需的优惠政策未能到位，尤其是建设国际旅游岛亟需的金融保险、免签免税、游艇邮轮、体育彩票以及教育医疗等领域的开放政策尚未有效落实。《意见》实施的评估情况如表3所示。

表3　　　　　　　《意见》优惠政策实施情况评估

政策领域	主要进展和成效	面临问题
免税购物	在三亚、海口试点实施 免税品种和购物额度增加 获得离岛免税品特许经营权	购物额度较低、购物次数较少 提货途径有限、商品品种有限
入境免签	从21国扩大至26国 通关专业快捷、延长入境停留时间 增加了出入境游客数量	适用国家的范围有待进一步扩大 免签组团人数及停留时间有待增加 直航免签国的国际航班有待增加

续表

政策领域	主要进展和成效	面临问题
游艇邮轮	出台了相关法规政策 4 个游艇码头、三亚邮轮母港建成 开通 3 条国际邮轮航线 成为旅游产业新高地、新业态	境外游艇停靠、出入境登记、转港移泊、水域开放等问题突出 邮轮旅游出入关和口岸管理程序有待简化，运营管理环境有待改善 专业人才队伍有待加强 配套基础设施有待优化
投融资	设立服务业发展专项资金、旅游产业投资基金、资本市场发展专项资金 组建国际旅游岛开发建设有限公司 优势产业增列入《中西部地区外商投资优势产业目录》，争取西部大开发的投资优惠政策	争取全额返还机场建设管理费和民航基础设施建设基金 争取设立国际旅游岛开发基金、生态旅游建设专项资金和房地产投资信托基金 探索建设离岸金融市场
体育彩票	成立体育彩票销售运营有限公司 体育彩票"飞鱼"游戏上市销售 发行"椰风海韵"即开型体育彩票	有关政策及实施细则有待明确 彩票发行、审批、经营与监管不完善 彩票规模小、影响力不强 国际型赛事举办力度有待加大
医疗旅游	博鳌乐城国际医疗旅游先行区获批 三亚海棠湾医疗健康城加快建设	医疗领域对外开放处于起步之中，范围、力度还较有限，成效有待观察
离岸金融	争取开展离岸金融业务试点	监管部门审批审慎，程序复杂
旅游保险	尚无明确进展	—
无居民岛屿旅游	启动西沙旅游	名额、景点范围、设施条件有限 体制制约因素较多

现代产业体系尚未建立。与旅游业直接相关的现代服务业体系尚不完善，也制约了海南旅游品质提升。与典型国际旅游岛相比，依托旅游度假的房地产业经历大起大落，尚未进入成熟发展阶段；服务高端旅游的金融保险业水平较低，制约了高端旅游产品的供给和国内外游客更高层次的体验需求；生产性服务业发育不足，文化产业品位不够；教育培训和健康服务业发展滞后，甚至低于全国平均水平。先进制造业规模不

足，创造高收入的就业岗位有限。

旅游专业人才严重匮乏。人才特别是旅游专业人才是严重制约海南国际旅游岛建设的瓶颈。一是人才总量较少，高学历专业技术人才不足，尤其是熟悉国际惯例、具有丰富实际操作经验的现代服务业人才严重短缺。二是人才结构不均衡，主要集中在三亚、海口的住宿、餐饮等传统服务业和部分高科技、文化创意和先进制造业等产业领域。三是在旅游一线，缺乏专业型旅游人才，旅游从业人员服务意识不强、业务能力不够。

居民福利水平亟需提升。海南人均 GDP、城镇化水平等指标仍远远低于典型国际旅游岛和国内发达地区，居民福利水平不高。旅游业和服务业带动居民致富的体制机制尚未形成，本地居民参与旅游服务的途径窄、数量少、层次低，土地、林地等要素投入旅游发展的潜力尚未充分释放。政府公共服务供给能力和水平需要提高。

人文发展环境培育任重道远。人文发展环境培育严重滞后是制约旅游品质提升和现代产业体系构建的重要因素。一是尚未发掘形成区别于其他国际旅游岛的文化特质，没有形成如夏威夷的"ALOHA！"等鲜明的文化形象和旅游服务精神。二是尚未形成包容开放的社会环境，部分行业和领域甚至存在着普遍的本地主义和排外思想，社会公德意识不强。三是教育培训机构不发达，义务教育和高等教育落后于全国平均水平，职业教育培训体系尚未形成。

表 4 海南国际旅游岛对标差距分析

主要领域	主要标准	海南现状	评价
游客数量	旅游业增加值占 GDP 比重达到 10% 左右	2012 年达到 7.1%	→
	年接待游客人次是本地居民的 5 倍以上	2012 年为 3.7 倍，差距不大	→
	国际游客占比 10% 以上	2012 年为 2.5%（不含港澳台仅为 1.6%）	↓↓

续表

主要领域	主要标准	海南现状	评价
产业发展	房地产、金融、会展、高新技术产业等现代产业协调发展	现代服务业明显滞后	↓
人文发展	实现传统文化和民俗风情传承	正在着力推进	↓
	文化载体和表达形式创新	差距较大	↓↓
	旅游人才充足，结构合理，专业化程度高	差距较大	↓↓
	居民文化素质和服务水平较高	差距较大	↓↓
生态环保	生态环境优异	总体生态环境质量优良	↑
	法规体系健全	不够完善	↓
	保障措施有力	执行力度有待加强	↓
	绿色低碳发展	差距较大	↓↓
旅游管理	旅游管理高效，市场规范透明	旅游市场亟待规范	↓↓
	行业协会发达	刚刚起步，作用尚不明显	↓
	营销网络健全	有待健全	↓
支撑设施	基础设施完善	有较大提升	↑
	交通体系便捷，国际航线众多	国际航线和航权开放不足	↓
	邮轮游艇设施健全	有较大提升	↑
特殊政策	优惠政策明显，促进了高端要素集聚	政策瓶颈多	↓↓

注：表中↑为达到，→为基本达到，↓为有差距，↓↓为差距较大。

三、以转型发展推动国际旅游岛建设

1. 国际旅游岛建设总体思路的核心内容是发展转型

（1）指导思想

牢牢把握海南国际旅游岛的战略定位，进一步深化改革、扩大开放，坚决破除制约发展的制度障碍，率先建立与国际接轨的体制机制，努力成为全面深化改革的探索者；重点提升旅游业国际品质、扩大服务业对外开放、构建自由贸易试验区，努力成为新时期对外开放的探路者；大力完善现代服务业体系，推进新型工业化，坚持资源有序开发和永续利用，努力成为转型发展的示范者；着力增强国际旅游岛建设的包容性，改善公共服务质量，推进城乡区域协调发展，努力成为欠发达地区同步实现全面小康的先行者，力争到2020年，将海南建设成为国际一流水平的旅游度假胜地和海南人民的幸福家园。

（2）在国家发展中的新定位

深化改革的探索者。充分发挥海南经济特区优势，坚持国际旅游岛战略定位，大胆探索，勇于实践，加快形成旅游业和现代服务业发展新机制，率先实现产品、资金、人才等要素充分自由流动，探索绿色发展新机制，深化行政体制改革和政府职能转变，构建有助于国际旅游岛建设和发展的公共服务新体制。

扩大开放的探路者。充分发挥海南地处对外开放前沿阵地的优势，以加快服务业对外开放为重点，放宽人员、投资、航线、商品等政策限制，积极探索建立海南自由贸易试验区，深化国际经贸合作和文化交流，打造中国—东盟自由贸易区建设的桥头堡。

转型发展的试验田。依托海南各种优势，抓住历史新机遇，着力构建以旅游业为鲜明特色、现代服务业和先进制造业为主导的产业结构体系，大力发展海洋经济，协调经济发展和生态保护、文化传承之间的关系，推进新型工业化、城镇化，积极探索海南特色现代化道路。

欠发达地区同步小康的先行者。充分发挥海南后发优势，通过深化改革开放、加快转型发展，推进海南经济社会跨越式发展，促进城乡居民收入快速增长，推动城乡一体化发展，加快实现省内基本公共服务均等化，率先在欠发达地区中实现全面小康。

南海资源开发的战略依托。以现有产业为基础，积极引进战略投资者，围绕海洋资源开发的需要，大力发展海洋产业装备制造、海洋产业设备维修、现代海洋资源性产品物流、现代海洋产业金融服务等产业，做强南海资源开发的产业支撑。加大对海洋科技的资金和政策支持力度，做强南海资源开发的技术支撑。扩大生活服务设施容量，提高服务水平和质量，为广大南海资源开发职工打造舒适家园。

（3）战略目标

打造国际一流的旅游度假胜地。到 2020 年，努力形成海南国际旅游岛特色鲜明的文化形象，多元丰富的旅游产品，国际水准的旅游管理，国际品质的旅游服务，充足专业的人才队伍，世界一流的基础设施，完善有效的产业支撑和包容开放的人文环境，旅游业增加值占地区生产总值比重达到 12% 以上，第三产业增加值和就业占比达到 60%，游客停留时间逐步增长，主要海外客源市场稳步增长，旅游体验显著提升，重游率大幅提高，初步建成国际一流的海岛休闲旅游度假胜地。

建设海南人民的幸福家园。将建设国际旅游岛和强岛富民紧密结合，努力建成以旅游业为龙头，现代服务业为主导，新型工业集约发展的现代产业体系和南海资源开发与服务基地、国家热带现代农业基地，显著增强富裕海南的物质基础，力争全省人均生产总值、城乡居民收入和生活质量超过全国平均水平。加强生态保护，推动可持续发展，综合生态环境质量继续保持全国领先水平，努力建成美丽海南。促进城乡区域协调发展，增强基本公共服务均等化水平，推进公平正义。增强社会包容性。到 2020 年，力争把海南建设成为和谐、包容、开放、充满活力的幸福家园。

（4）战略支撑

无论是实现海南新定位，还是建设国际旅游度假胜地、幸福家园，都需要有强大的物质基础和有效的政策保障。建立强大的物质基础，必须发展现代服务业和先进制造业，必须开发南海资源。海南作为未来的国际旅游度假胜地，提升旅游业的品质是题中应有之义。保护好生态环境，既是旅游业持续发展的需要，更是为人们提供身心愉悦所必需的生存环境的需要。推进健康的城镇化，使越来越多的人享受现代物质和精神文明成果的需要，也是为产业发展提供空间支撑的需要。因此，把海南打造成为国际旅游度假胜地和海南各族人民的幸福家园，必须着力构建五大支柱或者完成五大任务，即：切实提升旅游业品质，着力打造现代服务业体系，深度开发南海资源，坚持推进新型工业化，大力加强环境建设和扎实推进新型城镇化。

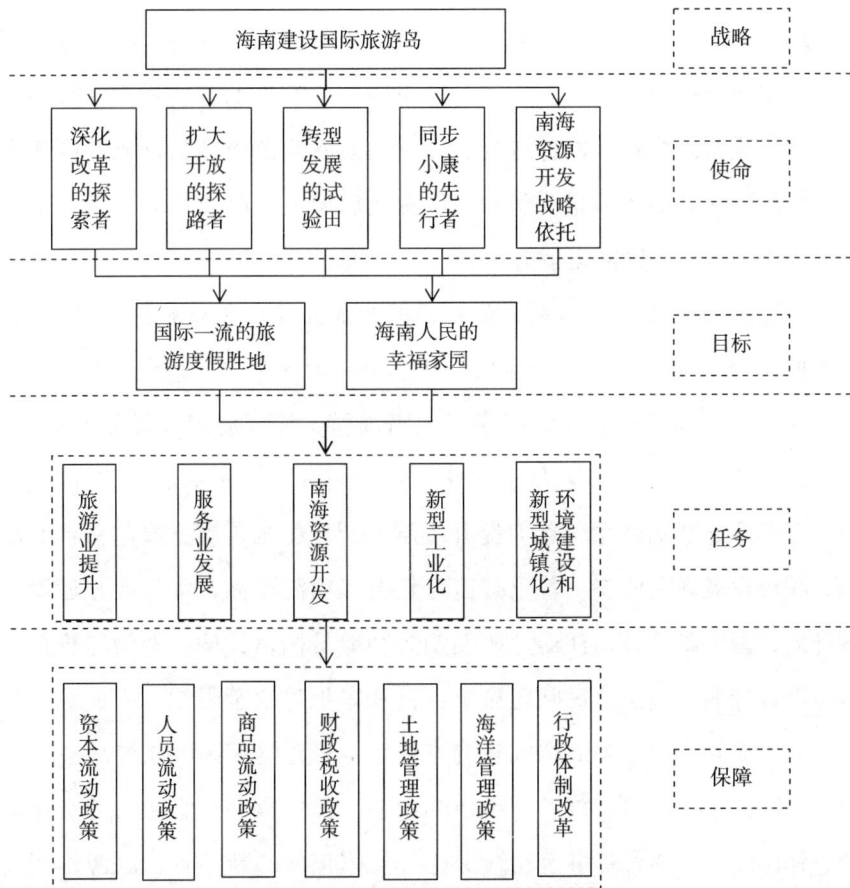

图 3　海南国际旅游岛建设的总体思路

打造五大支柱，建设国际旅游度假胜地和幸福家园，必须使发展更加有效率、更加公平和更加可持续，必须改进行政效率，优化资源配置，扩大市场空间，增加要素供给，增强公共服务能力，促进发展成果共享，必须在促进商品、资本和人员自由流动方面，以及在完善财政、土地、海洋和行政管理等方面采取切实有效的措施。

2. 切实提升旅游业品质

能否建成国际旅游岛，取决于是否有高品位的旅游产品，是否有高素质的人才队伍和高度开放的社会环境，是否有高质量的旅游服务和管理。切实提升旅游业品质，是海南建设国际旅游岛的首要任务。海南要瞄准国际旅游岛标杆，以打造具有国际品质的旅游产品为基础，以切实提升旅游管理和服务质量为保障，以深化旅游业国际合作为重点，不断提升旅游业品质和国际竞争力。

打造多元旅游产品体系，着力提高产品品位。调整旅游产品结构，努力向以 3S（阳光、海水、沙滩）甚至 5S（3S＋温泉、运动）为主要产品的休闲度假新模式转型，探索发展海岛游、海洋游等高端旅游业态。拓展旅游产品体系，开发黎苗文化、热带雨林、航天基地、乡村度假、自驾车等多元产品体系，着力提升主题公园、影视传媒、演艺平台的品质，积极发展新兴业态，着重打造邮轮游艇旅游产品，逐步放开近岸水域开放、国外邮轮公司注册、船舶购买和船员国籍比例、外籍邮轮在华多点港口挂靠、我国公民邮轮旅游证件和审批等政策限制，积极融入东亚、东南亚知名城市和岛屿邮轮旅游体系，培育海南国际旅游岛独具优势的国际竞争力。丰富旅游节事活动内容，积极承办有影响力的文化演艺、休闲娱乐、体育赛事活动，支持开发体育博彩新品种，以博彩业发展助推海南国际大型体育赛事发展，探索在特殊区域对境外人员开放的休闲型小规模博彩场所，建设国际知名、国内顶级的运动休闲娱乐岛。提升旅游购物品质，打造万宁奥特莱斯、三亚国际免税城等一批名品折扣和大型品牌直销旗舰店，培育以细分市场免税购物为龙头，涵盖高端奢侈品、特色纪念品、本地文化和手工艺品等的精品购物游体系，打造海南国际购物中心。加强旅游配套服务，大力引进国内外知名酒店管理品牌和餐饮品牌，构建高中低和多元特色相结合的酒店住宿业态，培育本土特色菜品菜系，推进地方餐饮标准化、特色化经营。

加强旅游业管理，着力规范旅游市场。深入贯彻落实《旅游法》，积极对标国际旅游行业管理标准，加快修订完善地方性旅游法规，建立海南国际旅游岛旅游服务标准体系。完善旅游公共信息服务系统，率先实施旅游产品说明书制度和"三包"制度，建立方便快捷的旅游信息公开和查询系统。理顺旅游管理体制，强化旅游管理部门市场监管、战略规划、数据统计和市场研究等职能，完善行业协会标准制定、行业自律、信息沟通和政策需求表达等功能，建立旅游产业链之间、旅游管理部门之间的协商联动机制，重拳整治旅游市场乱象。

扩大高素质人才队伍，强化旅游服务质量的人才支撑。加快引进具有国际视野和国际旅游岛建设经验的知名企业、高端人才，全面提升国际旅游岛的管理水平、产品质量、服务品质。加强从业人员职业培训和行为规范管理，率先推行旅游各相关行业职业、职称认定，落实持证上岗制度。支持国内外高校在海南单独或合作办学，重点支持建立旅游及文化等相关专业分院，培养各层次专业化旅游人才。

优化旅游基础设施，着力增强游客吞吐能力。启动博鳌、西部机场建设，积极探索建设旅游专用的直升机、水上飞机、低空飞行器机场体系，构建覆盖全岛、涵盖南海的快捷机场网络。加快环岛高铁、田字形高速公路体系建设，重点完善机场、铁路站点、城镇、景区交通无缝对接系统。加快沿海邮轮、游艇码头建设，形成军民、游渔分工合作的沿海港口体系。加快智慧旅游和智慧城市建设，形成高效的旅游管理系统，并加强其与游客、居民等移动终端的多途径有效互动。

培育人文发展环境，增强海南文化魅力。发掘优秀传统文化，吸纳国际先进文化，引导全社会形成传承历史、包容国际、友善待人的文化氛围和道德品质。培育壮大特色文化娱乐业，以三亚创意产业园、海南国际创意港等为依托，促进文化创意产业集聚发展，打造具有较强竞争力的文化创意中心。提升景区和城市建设文化品位，传承本地文化，保护生态环境，展现文化生态交相辉映的美丽海南。

深化旅游业国际合作，方便国际游客往来。深化与国内门户城市、港澳台、东盟的区域旅游合作交流机制，扩大海口、三亚机场第五航权，争取我国及东南亚、亚太主要国家和地区的航班经停海南，增加国际直飞航点和航线数量。

3. 着力打造现代服务业体系

以扩大服务业开放为导向，加快构建以旅游休闲业为龙头，以会议会展、健康医疗、教育培训为支撑，以现代物流、IT 服务外包、金融服务、文化创意等为新增长点的现代服务业体系。

加快构建会展服务业新平台。以博鳌亚洲论坛等国际高端会展品牌为依托，积极引进国内外知名会展品牌和顶级会展公司，培育本土会展品牌和龙头企业，打造中国与世界经济合作、文化交流的重要平台。延伸会展配套服务产业链，形成完整的会议接待、展览展示、商务考察、票务服务、同声传译、休闲度假等服务体系。

着力发展国际医疗健康服务新业态。深化"博鳌乐城国际医疗旅游先行区"先行先试，放宽外资准入，鼓励国内外资本设立国际顶级的综合性医院、高精尖专科医院、康复中心和针对国内外游客的特殊医疗服务机构，建设东亚、东南亚医疗健康服务新高地。创新医疗健康服务业管理体制，适当放宽境外高水平医师执业许可和签证政策，对进口医疗器械和药品实施关税优惠。探索医疗保险体系改革，鼓励跨国医疗保险公司落户海南，试点与主要客源国医保支付系统对接，研究外资、民营医疗机构纳入国内医保体系的可能性。扩大医疗保健市场开放，鼓励国内外资本、知名机构投资医疗保健产业，大力引进境外专业人才、管理技术和经营模式，建设国内一流、国际知名的健康养生旅游目的地。积极推进养老产业发展，完善养老服务、医疗康复、老年职业培训、养老保险等服务体系。

努力形成教育培训服务业新优势。鼓励社会资本进入教育领域，加快形成以政府办学为主体，公办、民办教育共同发展的多层次教育体系，重点提高幼儿园、中小学等基础教育质量，满足高层次人才子女就学需求。加快发展旅游及相关产业教育培训项目，允许以中外合作办学、在海南建立中国校区等形式引进国际优质旅游教育培训资源。探索建立有利于教育国际化的政策体系和职业化教育标准体系，加强与旅游相关专业的国际学术评估机构、认证机构的合作关系。

大力发展服务外包等 IT 服务业。加强园区载体功能，推进海南生态软件园、国际创意港、三亚创意产业园等建设，发挥产业集群和规模效应，建立完善的软件产业公共技术服务体系。积极承接境内外软件外包，促进外包服务拓展及层次提升，重点发展动漫、数字艺术设计、网络游戏、多媒体软硬件研发和制作等创意产业外包，培育具有国际竞争力的软件企业。

深化金融业创新发展。重点围绕旅游、商贸、健康医疗、养老、海洋经济等领域，推动金融业创新发展。吸引国内外商业银行、信托机构、产业基金、养老基金、保险机构等进入海南，探索设立消费金融公司、私人银行等机构，加强旅游消费金融产品创新，打造辐射东盟的"财富岛"。探索建立旅游资产交易市场，整合我国景点收益权、酒店和涉旅企业产（股）权、涉旅房地产项目私募融资等交易，打造旅游资产交易中心。

全面提升现代物流业。以洋浦保税港区和海口港口物流基地等为依托，大力发展航运、中转、国际物流和保税物流业务，打造背靠华南、面向东南亚的航运枢纽、物流中心、国际采购和分拨中心。围绕南菜北运、热带水果、海洋渔业、特色农产品加工等现代农业，加快建设以冷链为核心的现代农产品物流体系。推进物流业对内对外开放，吸引国内外知名物流企业和大型贸易、制造企业的国际采购中心等落户海南，构建面向全岛的物流配送体系。

4. 深度开发南海资源

以三沙市开发建设为契机，加快南海资源开发，加强海洋生态文明建设，着力构建海南特色海洋产业体系。

大力发展现代海洋渔业。促进传统渔业转型升级，鼓励发展远洋捕捞，提升捕捞技术装备水平，构建外海产供销一体化的捕捞生产模式。积极提升渔业科技水平，培育热带水产苗种繁育体系，发展水产品精深加工，建设水产品物流基地和渔业出口基地。发展热带休闲和观赏渔业，推进海洋水产种质资源保护区建设。组建大吨位三沙捕捞船队，依托三沙战略腹地打造深海渔业综合服务基地，积极发展抗风浪深水网箱养殖，实现三沙渔业生产常态化、规模化。扶持渔业龙头企业，创建知名海产品牌，提升渔业组织化水平和品牌效益。完善水产品质量安全防控体系，建设水生动物疫病防治和水产品质量安全检验检测网络。

加快发展海洋油气开发与服务业。加大南海油气资源勘探开发力度，支持国有大型石化企业等加大投入力度，扩大勘探开发海域，深化国际合作。加快发展南海油气资源勘探开发服务业，通过税收、土地和用海指标等政策吸引大型海上油田服务公司落户海南，为油气资源勘探开发提供物探勘查、钻井、油田技术、船舶等专业性服务，增强对这些企业的物资采购、仓储物流、后勤保障、装备修造、研发等综合服务能力。推进洋浦南海油气资源加工储备基地建设，构建华南地区石油石化产品交易中心、科研中心。

积极培育新兴海洋产业。加快发展海洋生物医药产业，引导支持企业和科研机构加强海洋生物活性物质开发应用，发展工业用酶、医用功能材料等海洋新产品。大力发展海洋工程装备制造维修产业，鼓励国内外企业建立海洋风能、太阳能、潮汐能、海水温差能研发基地，在适宜岛礁实施海水淡化工程。结合三沙战略腹地建设，建立特色海洋产业园区，打造高水平海洋高技术制造、科技研发和服务业基地，积极发展海洋高端装备制造、涉海金融保险、信息服务、文化创意、研发转化等产业。

5. 坚持推进新型工业化

充分借鉴典型国际旅游岛产业发展经验，结合我国工业化从中期向后期过渡的实际和海南产业基础薄弱的现状，坚持高端、集约、绿色的海洋发展方向，加快构建海南特色现代产业体系。

（1）热带特色农业

以富民增收、提质增效、产业融合为导向，加快形成海南热带特色现代农业产业体系。

强化战略优势，打造国家热带现代农业基地。以建设全国冬季瓜菜基地、热带水果基地、天然橡胶基地、南繁育制种基地和无疫病区为重点，调整品种结构和区域布局，扩大生产能力，推进规模化、园区化、设施化、标准化生产，保障瓜菜、水果质量安全，积极培育优质、绿色农产品品牌，深化农业合作开发，提升农业产业化和组织化水平，实现农民增收、产业增效。

突出科技创新，着力提升农业核心竞争能力。以科技创新为支撑，走新型农业现代化道路。实施南繁发展战略，加快编制南繁发展规划，争取把南繁基地列入国家新增 1000 亿斤粮食生产能力规划及全国现代农作物种业发展规划，推进南繁育种科研核心区建设，推动设立国家南繁保护区、南繁专项基金。打造全国热带现代农业科技新高地，吸引科研机构和农业科技企业在海南开展研发和成果转换。建立以企业为主体的农业科技创新推广机制，扶持农业龙头企业建立实验室，建立农业主推技术和主推品种发布制度。

拓展发展路径，促进农业和旅游业融合发展。促进热带特色农业与旅游业深度融合，以观光体验、乡村旅游、农场旅游为切入点，以都市、景区、度假区周边村镇和国营农场为基础，大力发展田园观光、农业体验、瓜菜采摘、农家旅馆、特色餐饮、垂钓捕捞、农业展示等观光休闲农业。打造休闲农业品牌，制定基础设施和服务标准，加强规范引导和市场监管，建立休闲农业公共服务体系。

（2）新型工业

坚持高端发展，大力发展高新技术产业和高端制造业。把战略性新兴产业作为结构调整主攻方向，优先发展新能源新材料、软件、电子信息、生物医药等产业，积极发展航空航天配套产业、生态环保产业，逐步形成海南特色高端产业集群。积极推进"信息智能岛"建设，加快提升信息化水平，打造"智慧海南"，培育潜在经济增长点。

坚持集约发展，走园区化、集聚化发展道路。以园区为载体，以港口为依托，以高科技为引领，以节能环保为前提，推动高端要素资源、重大项目、骨干企业向园区集聚，打造优势特色产业集群。优化高新技术产业发展空间格局，加快海口高新区、清水湾国际信息产业园、文昌航空及卫星应用产业园等重点园区建设。统筹园区和城镇规划，在重点园区周边规划建设一批设施完善、配套齐全、生活便捷、环境优美的新型小城镇，推进产城融合发展。

坚持绿色发展，促进产业发展和生态保护良性互动。按照低碳、绿色、环保要求，统筹规划产业发展方向和空间布局，坚持不污染环境、不破坏资源、不搞重复建设，重化工业严格限定在洋浦、东方工业园区。着力推进传统工业改造升级，加快淘汰落后产能，对于"两高"和产能过剩行业扩大产能项目一律不予受理、不予审批。强化区域环评制度约束，对减排任务未完成、减排设施建设滞后的市县，暂停新增污染物项目的环评审批。建立绿色发展新机制，结合全国生态文明示范区建设，在森林、湿地、流域水资源、矿产资源等领域探索建立生态补偿机制。

坚持海洋发展方向，培育海洋产业竞争新优势。培育海洋产业竞争新优势，着力打造全国海洋产业发展新高地。加大海洋科技研发支持力度，制定土地、人才和财税优惠政策，吸引科研机构设立海洋科技研发中心、实验室和创新平台。创新跨区域合作模式，以市场机制为基础、以海洋经济为纽带，加强海南与沿海省份在海洋经济发展方面的深度合作，通过共建海洋产业园区、合作开发南海资源等方式，推动沿海省市的资金、技术、人才优势与海南资源优势有机结合，实现资源共享、利益共享。

6. 大力加强环境建设，扎实推进新型城镇化

国际旅游岛需要有优良的自然、人文、社会环境和独特的城镇风貌。

海南应大力加强环境建设，实现自然优美、生态优良、社会和谐、安居乐业，为国际旅游岛建设创造良好条件。

（1）切实加强环境治理和生态保护

实施"增绿护蓝"，全方位推进生态建设和环境保护。扎实推进生态省建设，加强生态功能区水源保护、淡水资源存续和保护、自然保护区建设与生物多样性保护，保障水源和生态安全，建立突发生态事件应急机制。加强海洋生态保护，加大对沿海湿地、红树林的保护力度，加强监督监测，建立近海水域质量检测、通告和保护制度。

加强污染防治和生态调查评估。加快完善地方环保法规体系，制定严格的环保政策，强化环境问责机制，重点加强农业面源污染治理、入海河流、直排污染源和南海海域环境监测和治理。加强南海区域资源调查和生态评估工作，对南海海岛海洋地理信息、海洋生态系统等进行系统调查评估，建立"数字南海"信息系统。加强南海岛礁、海域生态保护，加强环保基础设施建设和海岛、海滩生态修复工作，严格填海造地审批和环评制度，扎实推进三沙海洋自然保护区建设，适时建立南海国家公园。

强化城乡综合环境整治。推动生态文明建设与新型城镇化建设有机结合，大力加强城乡综合环境整治，强化对环境污染严重的村镇，重点水源保护区、生态功能区、旅游景区周边村镇等的连片整治，建设环保示范城市和乡镇。着力推进城镇生活污水和垃圾处理设施建设，逐步建立村镇生活垃圾收集转运处理体系，完善污水、垃圾处理费征收政策，强化对已建成污染治理设施的运行监管，建立健全治污设施正常运营保障机制。

完善生态补偿机制。健全自然资源资产产权制度和用途管制制度，实行资源有偿使用制度和生态补偿制度，加强对资源使用付费和生态补偿资金分配使用的监督考核。完善生态补偿政策法规体系，重点加强海洋生态补偿机制建设，完善生态功能区生态环境质量检测、评价体系，确定生态补偿的标准体系，培育生态服务评估机构。发展环保市场，推行节能量、碳排放权、排污权、水权交易制度，建立吸引社会资本投入生态环境保护的市场化机制，推行环境污染第三方治理。建立生态补偿长效机制，探索多元化的生态补偿方式和多方位的生态补偿资金渠道。探索生态补偿统计发布制度，并将其逐步纳入政绩考核体系。

（2）推进海南特色新型城镇化发展

按照国际旅游岛建设要求，突出海南新型城镇化特色，以充分发挥旅游资源优势、适应旅游资源空间分布、具有独特景观风貌、符合绿色低碳要求为导向，积极推进新型城镇化健康发展。

形成四层次城镇新体系。依据城镇人口规模合理分层及"大分散、小集中"原则，建设一个首位城市、八大区域中心城市、众多风情建制镇和特色乡村的四层次城镇新体系。一个首位城市即海口，八大区域中心城市即三亚、三沙、儋州（含洋浦）、琼海、文昌、万宁、东方和五指山，重点建设200个左右建制镇，在压缩数量、提高规模的基础上，促进特色建制村逐步向家庭农庄和新农村方向转型。

构建"灯笼"型城镇空间新格局。灯笼头，即海口。灯笼身包括东体线（文昌、琼海、万宁、陵水至三亚）、西体线（澄迈、临高、儋州、昌江、东方、乐东至三亚）、中体线（定安、屯昌、琼中、保亭、五指山至三亚）。灯笼尾，即三亚。灯笼须，即三沙。

打造海南特色城镇新风貌。优化城镇空间结构，合理控制居民点建设容积率和建筑密度。打造特色鲜明的城镇建筑新风貌，既体现多民族、移民文化和热带岛屿地域特点，又体现中西、土洋、实用与美观相结合的包容建筑文化风格。

推动绿色低碳城镇化发展。制定具体的旅游业节能减排目标和措施，实施低碳认证制度，打造低碳旅游景点景区。实施企业排放管理标准执行情况、节源审计和重点耗能企业用能情况等报告制度。提升城市公交出行率，制定住宅节能建筑、住宅人均能耗水平标准。争取国家政策支持，建成全国绿色低碳城镇化示范区。

（3）推动平安、和谐海南建设

加快实现基本公共服务均等化。加快户籍制度改革，稳步推进城镇基本公共服务常住人口全覆盖，把进城落户农民和区域转移人口逐步纳入城镇住房和社会保障体系，在农村参加的养老保险和医疗保险规范接入城镇社保体系，使国际旅游岛建设成果及时惠及广大城乡居民，率先实现全省范围内基本公共服务均等化。

扎实推进平安海南建设。强化社会治安综合治理，创新立体化社会治安防控体系。妥善处理利益关系，把保障中外游客合法权益和生命财产安全作为工作重心，切实营造和谐有序的社会环境，增强人民群众和广大游客的安全感、幸福感，切实保障食品药品安全。深化安全生产管理体制，健全防灾减灾救灾体制。

四、建设国际旅游岛需要强有力的政策支持

国际旅游岛建设，关键在于通过深化改革营造促进经济社会发展的体制机制环境。现阶段，需要在金融要素、人员、商品流动、财税、体制改革和政府治理等政策领域寻求重点突破。

1. 资本要素流动政策

（1）服务业外商直接投资政策

借鉴上海自贸区经验，根据国际旅游岛发展需要，放宽旅游、金融、商贸、航运、医疗保健、教育培训等领域外资准入，探索负面清单管理模式。允许外资在琼设立独资医疗卫生、健康疗养、高等教育、职业培训和文体演艺机构。对内外资非营利性教育、医疗机构除免征税费外，可在土地使用和人员出入境等方面给予便利。简化外商投资审批手续，将外资国民待遇延伸到准入前，大幅降低或取消投资者资质要求、股比限制、经营范围限制等投资门槛和限制措施，对确需保留的限制措施进行公开透明化管理。

（2）开展离岸金融业务试点

开展以服务贸易为主的离岸金融业务试点。允许国内外大型涉旅企业在海南建立区域性财务中心，统筹境内境外资金结算、调拨和境外投资。允许保税区内企业开立离岸账户，允许大型商业银行设立离岸业务部试点，给予试点企业和银行融资性对外担保业务专项余额指标。准予从境外以免税或保税方式进口的飞机、船舶、钻井平台、油气装备、邮轮游艇、高端医疗设备等及其维修办理融资租赁业务，享受国家相应税收优惠政策。

（3）推动人民币国际化

扩大跨境人民币结算试点额度，提高涉旅企业跨境贸易和跨境资本人民币结算额度，支持外资、港资股权投资基金投资国际旅游岛建设，探索外资股权投资企业在资本金结汇、投资、基金管理等方面的新模式。允许符合条件的涉旅企业或金融机构，在额度范围内到境外（主要是香港）发行人民币债券，用于岛内旅游项目开发建设。

（4）金融支持海洋经济政策

争取政策性银行和国有商业银行加大对海洋经济发展的支持力度，提高中长期贷款比例，重点支持海洋基础设施建设、海洋旅游、深海渔业、油气开发、海洋运输等产业。研究设立海洋产业投资基金，吸引国内外资本设立海洋产业风险投资基金，放宽海洋领域市场准入。通过再保险或财政补贴方式支持保险公司开展海上保险产品创新，发展海洋特色保险产品体系，将主要涉海险种纳入政策性保险。拓展船舶交易与融资租赁业务，在完善航运经纪人制度等相关政策基础上，吸引和集聚国际航运经纪企业、海事仲裁、保险公估、航运咨询等国际航运专业服务机构。

2. 人员流动政策

（1）旅游目的地国家游客免签政策

用好现有26国免签证政策，实现与京沪穗72小时过境免签政策有效衔接，允许免签国游客经上述城市免签中转至海南旅游，并在返程时经上述城市中转出境回国，无需另行办理签证；研议拓展至琼港澳免签，免签国家经港澳、第三国免签赴琼旅游。争取更加灵活的邮轮边境旅游政策，同意在符合条件的地区逐步开放边境旅游异地办证。配合国际旅游岛国际营销工作，进一步扩大免签国家范围，放宽免签组团人数限制及增加免签停留时间。整合公安、边防、边检等部门免签团管理信息系统，加强公安、旅游、外事、教育、商务、卫生、社区等单位相互协调，确保免签申报手续便捷高效。

（2）人才引进和开发政策

优化人才引进机制，重点针对旅游业、现代服务业等急需的高层次人才制定引进办法，强化资金支持和政策保障，切实提高引才实效。拓展人才引进渠道，利用海南优异的自然条件，采取合作研究、业余兼职、人才租赁、专家服务等柔性方式吸引高层次人才。提高人才引进效率，大力发展人力资源服务业，发挥天使投资、风险投资机构和各类人才中介作用，探索运用市场机制选拔人才。加大人才开发力度，针对高层次和紧缺型旅游人才制定专门培养计划，加快培养适应旅游新业态的管理型、技能型人才，引进国际优质旅游教育培训资源，建立高水平旅游业高等教育和职业教育培训基地，培育国际化旅游人才队伍。

（3）户籍政策

深化户籍制度改革，切实解决高层次人才和经营管理人才、专业技术人才在落户、亲属随迁、住房、子女入学、医疗和家属就业等方面的问题，建立人才引进绿色通道。对已正式调入且聘期在五年以上的上述人才，其户籍在琼子女接受基础教育和报考普通高校时，享有与本省户籍居民同等待遇。企事业单位（包括民营企业）引进的各类人才，用人单位应积极帮助解决落户、随迁、子女入学等问题，若自行解决有困难的，可提请政府有关部门协助解决。

（4）外籍人才工作签证政策

将针对外籍高层次人才的签证和居留便利政策，放宽至满足一定职业技能要求的旅游管理、医疗健康、教育培训、文化创意、体育娱乐等中高端人才，可办理半年以上或长期多次签证和居留。

3. 商品流动政策

（1）免税购物政策

扩大免税商品范围，提高上限额度，尤其是增加具有中国元素、海南特色的旅游商品及化妆品、奢侈品、电子产品和烟酒等畅销免税商品种类，允许多地、多次累计免税商品金额。提升免税店数量和档次，在海口、三亚市区建设大型免税旗舰店，在其他地区或邮轮上增加免税店数量，远期可探索建立"免税岛"。创新免税商品提货方式，允许乘坐轮船、火车和自驾车离岛旅客购买免税商品，或凭有效交通凭证网上交易，允许即买即用。

（2）自由贸易政策

以洋浦保税港区和海口综保区为依托，以各类免税店、服务业及金融业开放试点、边民贸易试点为拓展，将海关特殊监管区部分政策适当延伸，逐步扩大自由贸易政策覆盖的空间，积极探讨把自由贸易政策扩大至全岛的可行性。实施启运港退税政策，允许国内港口经海南中转至境外的出口货物，确认离开启运港即可视同出口办理退税，实现"国内货物、海南中转"。建设大宗商品交易中心，依靠海洋油气开发、洋浦保税港区政策，建立保税交割仓储服务体系，前期可重点建设洋浦石油石化产品交易中心，逐步向期货交易延伸。围绕国内外知名品牌产品，发展保税展示、电子商务、仓储配送、金融保险、质检认证等现代服务业。支持贸易领域监管模式创新，以"一线高度放开，二线有效管住"为目标，在有效监管前提下简化海关监管环节，对入境货物实施"舱单预申报"、分离检验检疫、"单一窗口"管理等政策。利用物联网等先进信息技术，实现自动查验和无纸通关。与东盟国家开展"以水为边"边民互市贸易，试行边民互市贸易政策。

4. 财税政策

（1）海洋油气资源税费政策

建议对直接参与南海资源开发或投资电力、通讯、信息、供水等基础设施的企业，给予"三免两减半"的企业所得税优惠。对南海油气勘探开发企业减免属于中央收入的矿产资源补偿费、探矿权采矿权使用费等，对其使用进口设备免征关税，对在海南所辖海域新产生的油气增值税、资源税等加大地方分成比例。

（2）服务业税收政策

对于金融、旅游、医疗、教育培训等重点领域机构入驻和高端人才引进，制定差异性税收优惠政策，适当简化税率，考虑给予增值税、个人所得税以及涉及用地和资源占用等的相关地方税费减免。结合自由贸易试验区建设，争取对海关特殊监管区内运营企业实施15%的所得税税率，并可分期缴纳，形成税收洼地。将保税免税政策适度拓展，针对区外医院进口的大型医疗设备、科研仪器设备、大型或昂贵维修设备、符合低碳绿色发展的交通设备等实施免税或保税政策。

（3）海洋产业税收政策

支持海洋高新技术产业发展，就海水综合利用、海洋信息服务、海洋工程装备制造研发、深海渔业、海洋节能减排、海洋生态保护等产业，专列一批国家重点扶持和鼓励发展的科技项目，通过减免税率、税前抵扣研发费、投资抵免、固定资产加速折旧等税收优惠方式激励企业研发投入。对在南海海域从事深海养殖、捕捞、加工和渔业服务的企业免征所得税。

5. 体制改革和政府治理

（1）行政体制改革

把握全国深入推进行政管理体制改革的时机，进一步理顺省市县政府职责，强化省级政府的决策、规划和监督职能，优化区县市设置格局，加强县市级社会管理和公共服务职能，充分释放省直管县的潜力。把握先行先试改革机遇，加快推进配套改革，深化机构设置、人员编制、考核制度等改革，推进简政放权。以不同层级政府的事权划分为基础，进一步优化政府间权责的配置，加快在省内建立财政平衡体系，推动基本公共服务均等化。积极探索政府出资向市场购买公共服务，在保障服务供给质量的前提下，有效降低公共服务供给成本，提高运行效率。

（2）土地制度改革

深化土地制度改革，率先建立城乡统一的建设用地市场。在符合规划和用途管制前提下，允许农村集体经营性建设用地出让、租赁、入股，实行与国有土地同等入市、同权同价，鼓励集体用地参与多元化旅游项目开发。鼓励农村土地承包经营权流转、探索土地整治新模式，稳妥开展低丘缓坡利用，优先解决乡村旅游和基础设施建设用地。结合农垦体制改革，打破城市、农村、农垦三元分治的格局，推动农垦场部与小城镇协调发展，提高农垦场部土地利用的集约程度，实施建设用地在不同城市间的流转。科学论证、统筹规划岛礁开发利用，依法加强无居民岛屿管理，按照属地管理的原则进行土地确权登记。

（3）海洋体制改革

按照权责分明、分工协作、稳妥推进的原则，根据国家海洋、海事和渔业管理等部门职责和地方政府职能，进一步明确地方政府海洋管辖权，建议逐步授予其所辖海域除外交、国防外一切必要的经济社会管理权限，强化对南海海域的行政管理。完善跨部门协调机制，建立军民融合协调机制，完善军地联合办公制度，重点统筹协调地方经济建设与军队重大项目建设，健全地方政府与国家海洋、海事、渔业管理及其派驻机构的工作协调机制，及时解决南海管理中的重大问题。

（4）政绩考核制度改革

坚持区别对待、分类指导的原则，落实主体功能区规划，制定以旅游业和现代服务业为主的区域、以油气化工等为主的区域和以农业和生态保护为主的区域不同的政绩考核体系，逐步淡化 GDP 在考核中的作用，通过不断实践总结完善行之有效的考核指标，探索对市、县主要领导实行自然资源资产离任审计。以公共服务需求和生态环境保护为基准，探索量化生态产品价值，构建完善的财政转移支付体系。

专题一 海南自由贸易试验区建设的条件、目标与措施

我国改革开放进入了新阶段，海南开放发展迎来重大机遇。十八大报告提出"全面提高开放型经济水平"，要适应经济全球化新形势，实行更加积极主动的开放战略。十八届三中全会《关于全面深化改革若干重大问题的决定》强调，要加快沿边开放步伐，允许沿边重点口岸、边境城市、经济合作区在人员往来、加工物流、旅游等方面实行特殊方式和政策。推进丝绸之路经济带、海上丝绸之路建设，形成全方位开放新格局。在推进现有自由贸易试验区试点基础上，选择若干具备条件的地方发展自由贸易园（港）区。

一、海南自由贸易试验区建设的战略意义

2009 年 12 月 31 日，《国务院关于推进海南国际旅游岛建设发展的若干意见》明确提出海南要积极发展服务型经济、开放型经济、生态型经济，打造具有海南特色、达到国际先进水平的旅游产业体系，逐步将海南建成生态环境优美、文化魅力独特、社会文明祥和的开放之岛、绿色之岛、文明之岛、和谐之岛。

国际旅游岛的战略定位，决定了其经济发展应具有"深度开放、高度自由"的特征，以吸引全球高端旅游资源，推进旅游要素转型升级，促进高端消费，提升旅游经济效益。海南自由贸易试验区将是国际旅游

岛发展的基础和前提，也是海南作为旅游业改革创新试验区、先行探索"以开放促改革、以改革促发展"新型增长模式的必经之路。建设海南自由贸易试验区有以下几方面的重要意义。

一是为推进特殊经济区域改革创新积累经验。海南作为中国最大的经济特区，既有广大的农村，又有现代化水平较高的城市，岛屿经济特征又赋予了海南易于风险管控的优越条件。在海南进行改革先行先试，同其城市型自由贸易区相比，既能较好地控制风险，又能够为推动中国整体改革、建设全面开放型经济积累更加全面的经验。

二是促进海上丝绸之路建设的必要举措。海南岛毗邻深、港、澳，与菲律宾、文莱、马来西亚和越南隔海相望，连接亚洲、大洋洲、太平洋和印度洋，是我国大西南地区走向世界的前沿，是我国打造中国—东盟自由贸易区升级版和共同建设"21 世纪海上丝绸之路"的桥头堡。此外，海南与我国第一大岛台湾岛地理位置相近，而且自然和气候条件类似，先行先试深化与台湾经贸合作也具备较为优越的条件。通过海南自由贸易试验区建设，整合我国西南沿边沿海开放资源，扩大深化与周边经贸合作，是建设全面型开放经济的重要组成部分，同时也是加强与亚洲相关国家之间沟通和了解的重要平台。

三是培育海南经济的新增长点。海南总体上仍属于欠发达地区，经济实力不强，产业结构单一，基础设施建设滞后，开放度不高。2012 年利用外资占全国的 1.5%，进出口额占全国的比重不到 0.4%。通过自由贸易试验区建设，可以探索充分利用国外资金、技术和经验，加快发展高端制造业、现代服务业以及高科技农业，提升发展质量。

四是有利于促进我国海洋经济的健康发展。海南省是全国唯一享有海洋管辖权的省份，管辖的海域面积约 200 万平方公里，占全国海域面积的三分之二，2012 年海洋生产总值约为 724.5 亿元，占全省生产总值的四分之一。随着海洋资源利用和开发技术水平的提高，海洋经济在国民经济中的地位显著提升，作用不断增强。将海南自由贸易试验区的建设与海洋渔业、滨海旅游业、海洋交通运输业、海洋油气业等产业有机结合起来，可加快我国海洋经济的发展。

二、海南自由贸易试验区建设的有利条件

海南建设综合型自由贸易试验区具有得天独厚的优势。

一是区位优势优越。海南是我国第二大岛，为独立的地理单元，便于实施特殊管理措施。同时，海南又和我国经济比较发达、开放度较高的深圳、香港以及广州相毗邻，与东盟四国菲律宾、文莱、马来西亚和越南隔海相望，处于亚洲、大洋洲、太平洋和印度洋的交通节点，是我国推进"21世纪海上丝绸之路"建设的海上战略支撑点。

二是旅游资源丰富。作为我国唯一的热带岛屿，生态环境极佳，旅游资源不可替代。海南拥有大面积的原始林区，含氧量高于次生林80%，中部霸王岭负氧离子每立方厘米达到了12000个，是世界卫生组织界定的清新空气的10倍，已建立博鳌亚洲论坛、海口观澜湖度假区等世界品牌，具备吸引外资和开展自由贸易的自然条件。

三是开放基础较好。海南1988年设省建立经济特区，为中国六个（海南、深圳、厦门、珠海、汕头、喀什）经济特区之一，也是唯一的省级经济特区；海南在海关特殊监管区发展方面积累了一定经验，2007年和2008年分别设立了洋浦保税港区和海口综合保税区。海南在政策先行先试方面也取得了明显进展，比如海南是国内唯一实行全球游客落地签证制度的省，海南对外已开放了第三、第四、第五种航空运输业务权，具备了目的地下客权、上客权和延远权等经营权力；享有离境退税政策

和离岛免税政策优惠，设立了博鳌乐成医疗旅游先行试验区，被列入跨境贸易人民币结算试点等。

专栏1	海南海关特殊监管区发展概况

海南洋浦保税港区面积为 9.21 平方公里，是国内继上海洋山、天津东疆、大连大窑湾之后批准设立的第四个保税港区。洋浦毗邻东盟贸易区，靠近国际主航线，还是距离南海石油天然气资源最近的工业基地。功能覆盖：港口作业区、仓储物流中转区、出口加工区、研发加工制造区。其是对外开放政策最优、功能最强、层次最高、手续最简化的海关特殊监管区域。

海口综合保税区面积 1.93 平方公里，是在海口保税区基础上升级而成。海口保税区 1992 年 10 月获国务院批准设立，后为解决园区功能定位与城市发展规划的矛盾、区港分离和发展空间不足的三大问题，经国务院批准，海口保税区区位调整至海南老城经济开发区并转型升格为海口综合保税区。海口综合保税区所处位置交通极为便利，距粤海铁路海口南站（货运站编组站、海口铁路物流配送中心）15 公里，距海口市中心区 30 公里，距海口美兰国际机场 35 公里，距环岛西线高速公路 3.5 公里，距海口绕城公路 10 公里。重点发展具有海南特色的、轻型的外向型加工业、物流业，为海南旅游业、航空航天产业、热带高效农业、水（海）产品出口加工业服务配套的专业园区。

但目前两者发展潜力有待挖掘。洋浦在我国 12 个主要保税港区中排名靠后，2012 年其进出口额占全国保税港进出口额的比例不到 0.04%；海口综保区在 13 个综保区中，仅比广西凭祥综合保税区进出口额高，2012 年其进出口额占全国综保区进出口总额的比例不到 0.03%。

四是国际化条件优越。博鳌亚洲论坛成为中国定期加强与世界各国尤其是亚洲国家、地区经贸交流往来的重要平台。金砖国家领导人第三次会晤、中非合作圆桌会议、博鳌国际旅游论坛、观澜湖高尔夫世界杯、环海南岛国际公路自行车赛等一批国际会展赛事活动的成功举办，提升了海南在国际上的品牌、知名度和美誉度。海南有数百万的侨民分布在东盟各国，便于海南与东盟各国开展经贸合作。

五是基础设施水平加快提升。海南国际旅游岛建设已上升到国家战略，围绕国际旅游岛的发展需要，海南基础设施水平加快提升。过去五年，海南新增公路通车里程 6484 公里、高铁 308 公里、空中航线 120 条，新增万吨以上港口泊位 4 个。东环高铁、海口绕城高速、三亚绕城高速、海屯高速、文昌清澜大桥等建成通车。西环高铁、屯昌至琼中高速公路、美兰机场二期、凤凰机场三期、马村港二期等一大批工程有力推进，博鳌机场开始建设，琼州海峡跨海通道工程列入国家"十二五"规划。海南已初步形成北有海口港、南有三亚港、西有洋浦港和八所港、东有清澜港的"四方五港"格局，构建了海陆相连、空地一体、衔接良好的立体交通网络。

六是有发展潜力巨大的海洋经济作为依托。海南省管辖的海域面积约 200 万平方公里，海洋产值已占全省的四分之一，初步形成了海洋渔业、滨海旅游业、海洋交通运输业、海洋油气业等四大支柱产业，深水网箱养殖已成为全国乃至亚洲最大的深水网箱养殖基地；形成了特色突出、结构完整、运行良好的四大海洋产业带：以海口市为中心的北部综合产业带、以三亚市为中心的南部休闲度假产业带、以洋浦经济开发区和东方工业园区为主题的西部产业带、围绕"博鳌亚洲论坛"的东部旅游农业产业带。海南海洋经济发展上有较大空间，2010 年海南的单位岸线海洋经济密度为 0.29 亿元/公里，约是广东省的 1/8，上海市的 1/94。

三、海南自由贸易试验区的目标和功能定位

自由贸易区有下面两种类型。

第一种是国际层面的，由两个或两个以上国家（关税区）之间缔结自由贸易协定，相互取消大部分货物的关税和非关税壁垒，取消大多数服务部门的市场准入限制，开放投资，促进商品、服务和资本、技术、人员等要素的自由流动。

第二种是设置在一国关境之内，单边实施较高开放水平的特殊区域，比如在区内放宽市场准入，简化监管程序，实施税收优惠等。为了与第一种理解相区分，这种自由贸易区也时常被称为自由贸易园区。

海南省自由贸易试验区的建设应服务于国际旅游岛发展目标，依靠内陆超大市场容量，以经济特区为依托，有机整合海关特殊监管区、免税购物中心，协调推进服务业进一步开放，提升贸易和投资便利化水平，增强海南对旅游资源的吸引力，使之成为推进国际旅游岛建设的重要着力点和突破口，促进当地经济的发展和人民生活水平的提升，有力支撑海南国际旅游岛的发展。

因此，在功能定位上，海南自由贸易试验区应发挥以下几方面的作用。

一是综合型自由贸易园区建设的试验平台。围绕国际旅游岛发展需要，依据海南与内陆物理隔离的独特条件，先行先试自由试验区建设和区外开放的互动发展。创新自由试验园区管理体制，采取相对柔性的自贸区边界和选点模式，适当将海关特殊监管区政策向服务功能区延伸，实现自由园区和国际旅游岛开发"嵌入"和"融合发展"。

　　二是 21 世纪丝绸之路建设的海上支撑腹地。海南开放发展面临"打造东盟自由贸易区升级版"和"共建 21 世纪海上丝绸之路"的双重战略机遇。目前与东盟国家呈现改善趋势，可充分利用海南紧邻粤、港、澳发达经济区，与东盟国家"以水为边"的特殊地理条件，以试验区为框架，整合现有海关特殊监管区，大力发展边境小额贸易，拓展边民互市贸易，探讨推进与周边国家相邻地区更为紧密的跨海经济合作关系，使之成为我国建设 21 世纪海上丝绸之路的海上支撑腹地。

　　三是海洋经济发展的先导区。基于海南是唯一拥有海域管辖权省份的有利条件，且管理的海域面积广阔、发展潜力巨大，可依托洋浦保税港区和海口综合保税区，大力发展海上物流运输、滨海旅游，建设石油、橡胶等大宗商品储备和交易中心，构建集海洋渔业、旅游服务、海洋运输、油气资源开发、海洋国际经济合作为一体的海洋经济发展先导区。

　　四是金融开放创新政策的先行先试窗口。2012 年，赴海南旅游的外国人达 51.97 万人次。在海南进行金融开放试验，既可有力服务于海南国际旅游岛的建设，又有助于提升人民币的国际影响力。海南开展金融先行试验已奠定坚实基础①，可在海南自由贸易试验区框架内，设立金融业开放功能试验区，进一步推进金融服务业开放。

---

　　①　国务院 2009 年 44 号文赋予了海南探索开展离岸金融业务试点的政策，目前完成《海南离岸金融业务试点方案》的制定，正在申报审批。2010 年 6 月海南被列入跨境贸易人民币结算试点，截至 2012 年末，累计完成跨境人民币贸易结算 360.36 亿元，跨境资本交易人民币结算 28.86 亿元，两者合计近 400 亿元；2010 年 6 月，国家外汇管理局批准海南海口、三亚、万宁三市开展个人本外币兑换特许业务试点，海南个人本外币兑换机构多样化，兑换机构数量不断增加。

四、推进海南自由贸易试验区建设的政策建议

1. 海南自由贸易试验区的基本框架

鉴于海南省特殊的地理特征和经济战略地位，海南自由贸易试验区不同于一般意义上的自由贸易园区。海南自由贸易试验区应为一个综合框架，既要以现有的海关特殊监管区为基础，又要涵盖贸易自由化、便利化及服务业扩大开放等内容。

海南自由贸易试验区的基本框架建议为"两区加多点"，以确保海南自由贸易试验区对海南国际旅游岛建设的全方位支撑。"两区"即洋浦保税港区和海口综保区两个特殊监管区，重点发展加工制造、仓储展销、维修租赁、货物贸易。"多点"即在现有海关特殊监管区外，根据服务旅游发展需要，设立免税店、旅游医疗保健、金融等服务业开放试验点以及边民互市贸易试验点等，将海关特殊监管区的部分政策适当向服务功能区延伸。

2. 主要任务和重点领域

分三个方面：游客、企业和国家层面。

（1）游客

内陆游客：随着我国双边、多边自贸区加速，更多的进口产品将征收较低关税或免税，免税优惠政策的吸引力呈弱化趋势。可采取的应对措施是：通过增设总店或分店的方式扩大免税店地理覆盖，丰富免税商品种类，提升免税商品金额；免税商品金额可多次累计等。

国外游客：充分发挥我国为第一制造大国优势。可在机场、港口、

旅游景点附近设置大型中国产品购物和展销中心，对国外游客实施退税，并完善退税、物流配套服务，消费者既可以选择自提并于离境时自行申请退税，也可离境时持凭证以退税后价格到指定位置领取所购物品。这既有利于增加海南旅游岛的吸引力，又有利于塑造国内品牌。

放松进一步免签证政策要求。目前 26 国免签政策仅适用于国外直达海南航班的 26 国免签团，需进一步开放，一方面降低免签团人数规模要求、免签条件进一步宽松化，另一方面允许经国内其他城市中转至海南的外国游客也享受此免签政策，可先协调相关部门将北京、上海的入境优惠政策延伸到海南，对享受海南 26 国免签证政策国家的旅客允许其经北京、上海机场中转至海南度假，无需办理入境签证，并同意其在返程时无需另行办理签证经北京、上海中转出境回国。

此外，积极争取和申请更加灵活的邮轮边境旅游政策和"琼港澳 144 小时签证政策"，同意在符合相应条件的地区逐步开放边境旅游异地办证，允许已到香港、澳门特别行政区持普通护照的建交国家的外国人可组团进入海南进行旅游、商务活动。

（2）产业

做好产业选择。从国际旅游岛发展需要出发，坚持以海关特殊监管区为载体，以港口为依托，以节能环保为前提，重点发展三类产业企业：一是支撑旅游服务能力提升的产业，如油气化工、交通运输设备制造维修、游船飞机租赁、医疗设备制造租赁等；二是支撑旅游消费的产业，如饮料制造、特色农产品加工、仓储商贸、物流配送等；三是高端产业，如新能源、新材料、高端制造、软件和电子信息、生物医药等新兴产业。逐步形成技术水平先进、独具海南特色的优势产业集群。

实施针对性支持政策。海南自由贸易试验区企业可简单分为两大类：海关特殊监管区企业和岛内非海关特殊监管区企业。

海关特殊监管区（保税港区、综合保税区）企业相关促进政策：

①实施可选择性纳税。除现有的保税、退税、免税政策外，可赋予区内企业保税加工商品进口提供选择性缴税便利，既可按成品纳税，也可按原材料和零部件纳税。

②放宽小批量研发试制生产许可条件。考虑研发企业需要，在监管能力允许的前提下，可受理区内企业临时或短期试制许可申请。

③允许海关特殊监管区政策根据条件适度延伸。为满足多区位支撑旅游业发展的需要，对海关特殊监管区的管理可以适度灵活化、柔性化，如借鉴美国模式，考虑采取附加"分点"模式，在现有围网外的企业只要满足监管条件也可享受特殊监管区政策；同样，对于围网内定位不准或经营不善的部分区域也可申请退出海关特殊监管区管理。

非海关特殊监管区企业：

基于国际旅游岛规划及特区优势，可将保税、免税政策向海关特殊监管区外拓展，针对服务业开放试验功能区内鼓励发展的产业实施税收优惠政策，比如：对医院进口的易监控大型医疗保健设备、用于研发目的的测试仪器设备、用于短期生产服务目的的大型或昂贵维修设备或工具、符合旅游岛低碳绿色发展的交通工具、设备等实施免税或保税政策；对高端或紧缺型人才给予个人所得税优惠。

（3）国家

目前海南优越的区位优势尚未得到充分发挥，可依靠和呼应国际旅游岛建设的战略定位，加快提升海南在我国西南方向的区域国际物流和贸易地位，将海南建设为面相东南亚、背靠华南腹地的航运枢纽、物流中心和加工装配基地。

①允许海南尝试采取相对灵活的自由贸易园区建设框架。可采取"固定＋可变"建设模式，洋浦保税港区和海口综合保税即"两区"的边

界可相对固定，对于"多点"，在规划框架内（规定条件或限制总量），海南可根据国际旅游岛和自由贸易试验区发展需要，灵活设点，并赋予根据设定条件终止运营不良试验址点的权利。

②支持海南自由贸易试验区进行贸易领域监管模式创新。以"一线高度放开，二线有效管住"为目标，将海关抽查与试验区管理及企业自律有机结合起来，在有效监管的前提下，简化海关监管环节，对入境货物实施"舱单预申报"，代替进出境备案清单。分离检验、检疫，对境外入区货物只检疫不检验，货物进入国内市场时再进行质量检验。加快信息化平台建设，实施"单一窗口"管理模式，从事货物贸易的企业只需通过互联网提交一次信息，即可完成所有管理部门的申报，可先从"一单两报"做起，企业通过一个窗口依次录入进出口货物报检信息，即可分报海关和检验检疫两个部门，等条件成熟时再将工商、税务、外汇等管理部门纳入。充分利用物联网等先进信息技术，实现自动查验和无纸通关。先行对"分点"企业试行电子围网管理、制度约束和自律管理相结合的综合模式，取代物理围网，可以海关对企业的电子账册联网监管为基础，结合智能卡口控制、物联网监控及智能视频巡查监控，通过电子手段完成对整个试验区的合网监控。

③允许采取启运港退税等便利货物中转措施。允许国内港口经海南港口中转至境外的出口货物，确认离开启运港口即可视同出口办理退税。依托对进出口企业和船运公司的分类管理制度，在海关"属地申报、口岸验放"和检验检疫"直通放行"制度的基础上，试行货物在试验区港口出境时以抽检方式进行；试行允许外籍船舶从事试验区港口与国内其他沿海港口之间的货物捎带业务，允许专门从事试验区港口与国内其他沿海港口之间的外贸集装箱运输业务的内籍船舶使用免税燃油。这样可以将原来的"国内货物、国外中转"变为"国内货物、海南中转"，提高

企业资金周转和使用效率，吸引出口企业在海南进行货物中转，从而提升海南区域性航运枢纽港的地位，吸引航运公司在海南新开海运航线。

④支持建设大宗商品交易中心。依靠海洋油气资源开发、洋浦保税港区优惠政策，围绕能源、农产品等大宗商品的国际贸易，建立和完善期货保税交割试点和扩大运营范围，拓展仓单质押融资等功能，建立服务国内外期货市场和大宗商品现货交易的保税交割仓储服务体系，前期可重点建设洋浦石油石化产品交易中心，并逐步由现货交易向期货交易延伸；围绕国内外知名品牌产品，建立保税展示、电子商务、仓储配送、金融保险、质检认证等现代服务业，形成以洋浦保税港区为中心、洋浦经济开发区为主体的产业链长、带动能力强、产品附加值高的现代产业体系。

⑤允许海南试行边民互市贸易政策。海南省作为唯一有海域管辖权的省份，已获批开展边境小额贸易，享有进口关税和增值税双减半的政策优惠。可在此基础上，允许海南进一步试行发展"以水为边"的边民互市贸易。通过繁荣边贸，促进海南旅游贸易发展的同时，深化与东盟各国的合作。

⑥先行先试深化和扩大金融保险等服务业改革开放。根据国际旅游岛发展需要，先行选择金融服务、航运服务、商贸服务、医疗保健服务、文化旅游服务以及教育培训等领域扩大对内对外开放。在海南自由贸易试验区内开放人民币资本项目，试行资本项目自由汇兑，逐步实施利率市场化，鼓励开展离岸金融业务；允许境外邮轮公司在海南注册设立经营性机构，开展经批准的国际航线邮轮服务业务，简化试验区船籍登记程序和国际船舶运输经营许可流程；拓展船舶交易与融资租赁，在加快完善航运经纪人制度等相关政策的基础上，积极吸引国际航运经纪企业进入，并促进海事仲裁、保险公估、航运咨询等国际航运专业服务机构

进入和集聚；将外资国民待遇延伸到准入前，大幅降低或取消投资者资质要求、股比限制、经营范围限制等投资门槛和限制措施，对确需保留的限制措施进行公开透明化管理。

⑦给予税收优惠政策。鉴于海南仍属我国欠发达地区，为加快海南发展，可在一段时期内对试验区内企业或个人实施税收优惠政策，如对区内鼓励类产业和高端、紧缺型人才实施15%或更为优惠的所得税税率，并准许分期缴纳，形成税收洼地。

专题二 海南现代服务业开放型发展路径及政策研究

一、加快开放是海南发展现代服务业，加快形成现代产业体系、建成高水平国际旅游岛的根本途径

1. 发展现代服务业，是海南建设世界一流旅游休闲胜地的主要任务

地处我国最南端的海南岛，具有独特的资源、区位和生态环境优势。作为国家的重大战略部署，海南岛将在未来建成世界一流的热带海岛度假休闲胜地，并在与旅游业相关的若干现代服务业领域寻求重大突破，以促进服务业的转型升级。

从国际经验来看，世界一流旅游休闲胜地的形成，不仅需要依托独特的景观和生态环境，更重要的是需要形成涵盖旅游、商业、文化、娱乐、医疗等众多服务行业的现代服务体系（见图1）。与旅游休闲相关的现代服务体系的发达程度，成为体现旅游休闲胜地发展水平和旅游休闲经济竞争能力的重要标志。从这个意义上说，海南岛国际旅游岛建设，迫切需要加快现代服务业发展，构建支撑旅游休闲经济发展的现代服务体系，从根本上提升海南国际旅游岛的发展水平。

2. 促进现代服务业发展，是海南构建现代产业体系的内在要求

当前海南正处在经济社会发展提速，现代产业体系加快构建的关键阶段。以现代服务业为主导，加快海南特色现代产业体系构建，不仅可

以更好地发挥海南资源环境特色，也可以为海南发展高水平制造业，加快实现农业现代化提供有力支撑。

从全球范围来看，现代服务业发展已经成为全球经济增长和结构调整升级的主要动力。现代服务业不仅成为发达国家的主导产业，而且也成为支撑一些新兴经济体快速发展的支柱产业。例如，新加坡、香港等地域狭小、资源环境有限的经济体，通过发展现代服务业，形成以服务业为主导的现代经济结构，成功实现了从中等收入向高收入水平的跨越；印度、菲律宾等中低收入国家，抓住全球服务业加快发展和服务外包的机遇，不仅极大提升了服务业的全球竞争能力，实现了现代服务业超常发展，而且极大地带动了社会经济发展，并带动了传统产业的转型升级。

因此，进入快速发展新阶段，海南迫切需要加快推进现代服务业发展，在更好地发挥海南资源环境特色的基础上，不仅需要加快发展以旅游休闲服务为主，服务于国内外游客和海南城乡居民的现代旅游休闲服务体系，也需要围绕商品、信息、资金、技术、人才等商品及要素的交流和配置，加快发展各类现代生产性服务业，以促进知识技术密集型现代制造业、现代化热带农业的发展，并为南海资源的开发提供有效支撑。

3. 加快开放是海南促进服务业快速发展的根本途径

新世纪以来，服务业在全球范围内取得了长足发展，其在世界经济中的引领性、驱动性地位不断上升，已成为各国经济结构调整的重点方向。更为重要的是，随着全球化持续演进和科技创新有力推动，现代服务业发展方式出现重大变化，技术密集、可移动、可贸易等成为服务业发展的新特征，国际服务业产业转移不断加快，为发展中国家和经济落后地区现代服务业发展带来新机遇。

同时，与发展制造业、农业相比，现代服务业发展虽然也需要资本、资源、环境等物质要素，但更加依赖知识、技术、人才等高级发展要素，更加需要开放、完善的政策环境，以在更大范围内集聚和整合各类发展要素，形成竞争优势，实现现代服务业的加快发展。

作为发展水平相对落后的岛屿，海南建设国际旅游岛既面临全球服务业加快发展的新机遇，也迫切需要加快对内对外开放，突破地域空间的阻隔和发展瓶颈的制约，以在全国乃至全球范围内吸引和集聚现代服务业发展要素，提升服务业发展能力，拓展服务业发展空间，实现现代服务业跨越式发展，形成以服务经济为主导的全新发展格局。

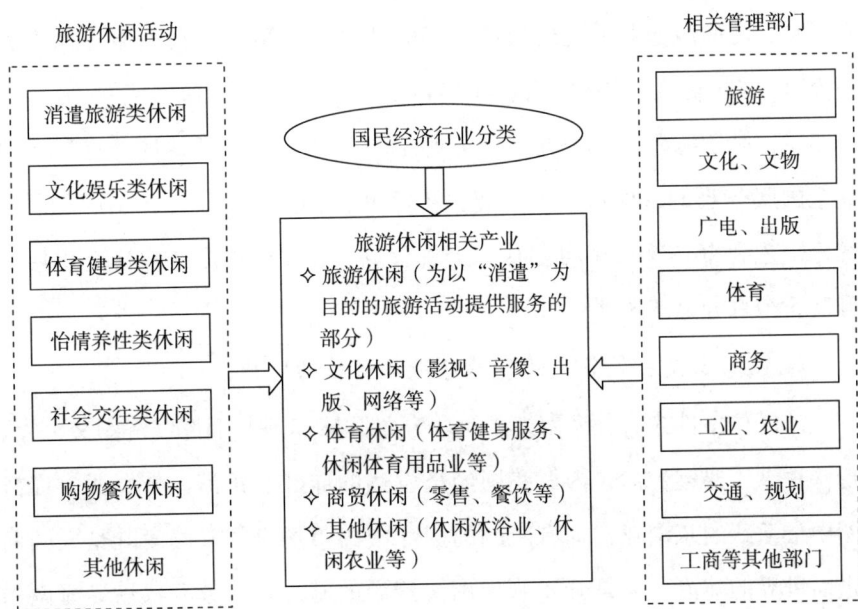

图1　旅游产业及相关服务产业体系

资料来源：中国社会科学院《2010 年中国休闲发展报告》，社会科学文献出版社 2010 年版。

二、高水平建设国际旅游岛，亟待提升服务业发展水平，破解现代服务业发展的瓶颈制约

1. 海南已具有加快现代服务业发展的基础

（1）海南服务业正在进入服务业加速发展新阶段

海南建省办经济特区 25 年来，服务业始终保持着较快发展态势，服务业作为海南支柱产业的地位稳步提升。特别是 2009 年底《国务院关于加快推进海南国际旅游岛建设发展的若干意见》（以下简称若干意见）颁布以来，海南服务业呈现出加速发展的新趋势。2011 年海南服务业增加值突破 1000 亿元，2012 年达到 1340 亿元，2010～2012 年年均增速达 16.3%，高于海南"十一五"服务业年均 15.6% 的增长速度，也高于同期全国服务业 11.6% 的平均增速；2012 年海南服务业在地区生产总值中的比重达到 46.9%，年均上升 1 个百分点，领先全国服务业比重年均上升 0.5 个百分点的速度。

（2）海南发展服务业的资源环境优势较为突出[①]

从区位条件来看，海南处于泛珠三角区域和环北部湾经济圈交汇点，近傍香港，遥望台湾，内靠我国经济发达的珠江三角洲，外邻亚太经济圈中最活跃的东南亚，拥有广阔的国际国内市场空间。海南既是大西南走向世界的前沿，又是开发利用南海资源的基地。改革开放后，海南岛加快了经济建设步伐，使其有可能发展同国际市场的联系，成为我国最南端的开放窗口。

---

① 倪健："海南国际旅游岛发展战略研究"，天津大学硕士研究生毕业论文，2010 年。

从环境条件来看，作为中国第一个生态省，2012 年海南森林覆盖率达 61.5%，大气环境质量指数常年保持一级标准；世界环保组织公布的全球空气质量十佳城市中，三亚市排第二，海口市排第五。各类水体总体上达到或优于国家一、二类标准。海南被人们冠以天然大氧吧、生态大花园、健康岛、长寿岛等美称。这些都为服务业，特别是为现代化、国际化的旅游休闲产业发展提供了良好的环境基础。

从资源条件来看，海南具备独特的旅游资源，全岛可供开发利用的旅游景点有 200 多处，不仅拥有 "3S"（Sun 阳光、Sea 海水、Sand 沙滩）资源，而且拥有良好的 "3N"（Nature 自然、Nostalgia 怀想、Nirvana 理想境界）资源，还有丰富的温泉、热带雨林和自然景观，丰厚的本土文化底蕴和中国文化渊源。以热带、生态、海岛、海洋为主要特色的复合型资源为中国独有，世界稀缺。同时，作为第一个总部设在中国的国际会议组织，博鳌亚洲论坛在世界的影响日益加大。

（3）*海南的基础设施和政策环境加快改善*

从交通设施来看，海南已形成了比较便捷的立体交通网络。海南拥有海口美兰、三亚凤凰两个国际机场，开通了数百条国际、国内定期航线和多条包机航线；建成了环岛高速公路；改造了西环铁路，开通了直达北京、上海、广州的旅客列车，东环城际快速铁路建成运营，西环高速铁路在建，届时将形成环岛铁路网；建成了海口、三亚、洋浦、东方等港口，其中三亚已建成 10 万吨游轮专用码头。

从政策环境来看，国际旅游岛建设将海南定位为我国旅游业创新改革的试验区，为此，国家在产业环境、公共事业、生态建设和基础设施等多方面给予海南许多政策支持。具体政策包括以下几个方面：一是国务院出台的方便境外游客赴海南旅游的 26 国免签证入境政策；二是离境退税、离岛免税的有关政策；三是开展城乡建设用地增减挂钩试点、农村集体经济组织和村民利用集体建设用地自主开发旅游项目试点；四是支持符合条件的旅游企业发行企业债券，设立旅游产业投资基金；五是倡导银行业金融机构参与支持旅游产业发展的政策。通过一系列政策支持，有力地推动了海南服务业发展。

2. 现代服务业发展水平较低，更多依靠资源环境驱动

从全球服务业发展趋势来看，以租赁和商务服务业、金融业、信息传输、计算机服务和软件业等为主导的生产性服务业，和以教育、文化、医疗等服务人类发展的社会和生活服务业，均是知识、技术、信息、人才、资本密集型的服务业，也是现代服务业发展的主要内容。海南现代服务业发展水平低，突出表现在服务业结构仍然以传统服务业为主导，服务业发展更多依靠资源环境驱动，缺乏人才、知识、技术、信息、资本等创新发展要素的支撑。

（1）服务业结构层次较低，商品流通性服务业占比依然较高

2012 年海南批发零售业、交通仓储、运输和邮政业、住宿餐饮业等商品流通性行业占服务业的比重高达 41.1%。虽然这一比重已相对 2005 年的 49% 有较大幅度下降，但仍大大高于全国 35% 的水平。这说明，海南服务业发展仍然处在服务业发展的初级阶段①。

（2）资源环境驱动特征突出，创新要素支撑明显不足

一是具有较强资源环境依赖的旅游业和房地产成为服务业发展的主要动力。依托海南独特的自然风光和环境条件，近年来海南吸引了大量旅游观光人口和养老休闲常住人口，极大地促进了海南旅游产业和房地产的快速发展，成为近年来海南服务业乃至海南经济增长的主要动力。

---

① 任兴洲、王微：《服务业发展：制度、结构与实践》，中国发展出版社 2011 年版。

2012 年全年旅游总收入 379. 12 亿元，占服务业总值的 28.3%，2010 年至 2012 年年均增长 17.0%；海南房地产业近年来发展极为迅速，房地产业占服务业比重从 2005 年的 8% 上升到 2012 年的 18%，成为仅次于批发零售业的第二大服务产业（见图 2）。

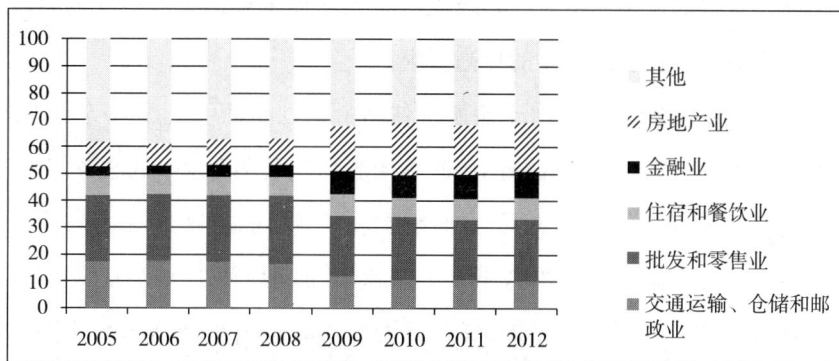

图 2　2005～2012 年海南省服务业结构变化趋势

数据来源：《中国统计年鉴》（2006～2012 年）、《2012 年海南省经济和社会发展统计公报》。

二是劳动密集型服务业占据主导。虽然服务业已经成为海南吸纳社会就业的主渠道，服务业占全社会就业比重高达 39.09%，创造的新增就业占全省的 69.7%，但其服务业就业主要集中在交通运输仓储和邮政业、批发零售业、住宿和餐饮业等传统的劳动密集型服务行业，上述几个行业就业人员之和占服务业全部就业 50% 以上。

三是知识、技术、人才密集型的现代服务业发展滞后。虽然近年来海南现代服务业发展已开始起步，但是发展水平依然较低，包括租赁和商务服务业、金融业、信息传输、计算机服务和软件业、教育、文化、医疗在内的现代服务业，在海南服务业增加值中的比重不足 30%，远落后于全国 37.5% 的平均水平，更落后于多数省会城市的发展水平。

（3）现代旅游休闲服务体系尚未形成，缺乏突出的竞争优势

虽然旅游业已成为海南服务业的主导产业，但服务体系尚不健全，

行业整体发展水平偏低，尚未形成具有全国乃至全球影响力的服务品牌，竞争优势尚不突出。

一是在产品结构上，资源优势尚未转化为竞争优势，全省旅游业仍然以旅游观光为主导产品，休闲、度假娱乐等增值服务产品较少，且水平不高，难以适应国内消费从初级旅游观光向休闲度假加快转变的要求，也难以满足国际化度假市场的更高要求。

二是在服务能力上，由于旅游、住宿、餐饮、商业、娱乐等方面的发展水平不一，难以形成完整的旅游休闲服务体系和高水平的服务能力。

三是在旅游品牌形象方面，海南国际旅游岛的品牌形象尚未确立，突出地反映在客源结构层次较低，入境旅游市场规模不大等方面。2012年国际游客仅占游客总数的 2.5%，且游客主要来自俄罗斯等周边国家，来自欧美等发达国家的游客比例极低。

3. 海南尚未形成有利于服务业快速发展的环境

长期以来，海南经济发展水平相对落后，尚未形成完善的市场经济体制和政策环境，服务业的发展环境还存在诸多体制机制约束，对服务业发展，特别是现代服务业发展产生较大制约。

（1）服务业对内对外开放程度不高，发展活力和空间不足

总体来看，海南服务业发展不仅对外开放程度较低，对内开放程度也远低于全国水平，严重制约了海南服务业发展活力和市场发展空间。

一是在已实现对外开放的服务业领域，如零售、住宿、餐饮、房地产等行业，海南的服务业开放度低于全国水平。以零售商业为例，作为我国服务业对外开放程度较高的部门，全球 250 强零售巨头中有过百家进入中国，特别是在东部沿海地区，外商投资零售商业已从大中型城市转向县级城市及新兴城市化地区发展。而海南的外资零售商业企业数量极

为有限，不利于海南零售业的市场竞争及商业业态方式的创新与升级，这是海南商业发展缓慢、难以形成购物天堂并支撑海南国际岛发展的重要原因之一。

二是在尚未对外开放的领域，特别是文化、教育、医疗及娱乐等服务业行业，其对内开放程度也相对较低。如海南民营医院数量在全部医院中的比重仅为12.8%，低于全国33%的水平，更低于北京、上海等发达地区超过40%的水平。

三是海南服务业与全国乃至全球服务市场的联系极为薄弱。在全球价值链加快形成进程中，服务企业跨区域、国际化发展已成为重要趋势。一方面，除海航等少数企业之外，海南自身缺少能够跨区域、国际化发展的大型服务企业；另一方面，进入海南的全国性以及国际大型服务企业的数量也非常有限。例如在服务外包方面，海南服务外包企业数量较少，尚未成为国内外服务外包的主要承载地区，也没有进入国家服务外包试点区域范围，极大地限制了海南服务业发展的市场空间。

（2）尚未形成有利于现代服务业发展的政策环境

近年来，国家以及海南省政府对加快海南服务业发展给予了高度重视，国务院于2009年底出台了加快推进海南国际旅游岛建设发展的若干意见，海南省政府也出台一系列政策措施。值得注意的是，这些政策措施还主要着眼于旅游市场的开放和旅游产业的发展，如离岛免税、游艇管理、航权开放等，尚未对金融、信息、文化、教育、医疗等现代服务业发展制定具有针对性的扶持政策和发展规划。

（3）服务业发展的体制机制尚未理顺，监管能力薄弱

一方面，服务业涉及的政府部门多，情况分散复杂，在推动和发展服务业过程中尚未形成一个整体协调全省服务业发展的工作机制和政策促进体系，各部门多头管理，各自为政，许多工作只能推进到"单个

点"，缺乏以点连线带面的全面推动，政府各部门的协调能力有待提高。

另一方面，各级政府部门对服务市场的监管能力薄弱，服务业发展法律法规尚不健全，政府相关职能部门的监管能力也比较薄弱，造成海南服务业发展秩序较为混乱，突出表现在海南旅游市场中，出现了一些旅行社和导游不遵守行业规则，大量低价接团，高额回扣等不正当竞争现象，以及擅自增加游客自费景点、降低食宿标准、高价宰客等侵害消费者权益等现象，扰乱了海南旅游市场经营秩序，严重影响了海南国际旅游岛品牌形象的建立，进一步制约了旅游服务业乃至其他服务业的规范发展。

三、海南现代服务业开放型发展路径选择

未来5到10年，是海南加快发展方式转变、提升经济社会发展水平的关键时期。为此，海南要紧紧围绕"国际旅游岛建设"这一国家战略定位不动摇，在充分发挥区位优势、环境优势、资源优势和经济特区优势的基础上，以加快现代服务业作为推动区域经济社会发展的主攻方向，加快实现海南经济社会的快速发展。

从国内外发展经验来看，加快服务业发展，形成以服务业为主导的服务经济，是当代全球经济发展的基本趋势。而从各国的服务业发展路径来看，仍然存在不同选择。其主要发展路径或模式有以下两种。

一是按照经济发展水平和工业化的要求，循序渐进，逐步实现从生活服务业为主，到商品性流通产业为主，再到现代服务业为主的结构升级，形成以服务业为主的现代产业体系；并利用其发达的服务业，在全球范围内整合、集聚和配置知识、技术、人才等创新要素，进一步增强

其全球的竞争能力和领先优势。这是目前美欧等主要发达国家的基本发展路径和模式。

二是结合自身发展条件和优势，抓住全球经济一体化持续深化，全球产业结构调整和服务业发展格局深刻变化的机遇，在部分服务领域实现突破和跨越式发展，从而形成具有国际竞争力的服务产业和以服务业为主要动力的经济发展格局。新加坡、中国香港等国家或地区，虽然自身资源环境条件有限，市场空间狭小，但依托中国乃至亚洲地区的快速发展和崛起，抓住全球化的机遇，通过着力发展贸易、物流、金融、专业服务等现代服务业，迅速成为亚洲乃至全球贸易中心、航运中心、金融中心，并成为全球服务经济最为发达的经济体。而印度、菲律宾等南亚国家，利用自身的语言、教育和劳动力优势，抓住现代信息技术快速发展和服务业发展格局变化的机遇，面向全球市场，加快发展信息服务、语言服务、教育、医疗等现代服务领域，在服务外包、软件开发、IT 技术服务、家务服务等方面，形成了较强的国际竞争优势，形成了以服务业快速发展带动经济增长的新格局。

无论是发达国家的循序渐进模式还是新兴经济体及发展中国家的服务业跨越模式，其服务业的快速发展和竞争能力的提升，都是在全球经济一体化发展和形成开放经济的格局下实现的。其核心是开放的市场，打破要素和资源的限制，实现在更大范围拓展服务市场，集聚和整合创新要素和资源，从而为服务业发展注入强大动力，更为迅速地提升服务业的国际竞争力，使服务业成为一个国家或地区经济社会发展的引擎和支柱。

海南虽然经济发展相对落后，但拥有得天独厚的自然环境和资源特色条件，而且具有背靠东部沿海发达地区乃至全国的庞大市场空间及面向港澳及亚太区域国际市场的区位优势，其在服务业发展的路径选择上，不应延续循序渐进、按照自身经济发展水平和工业化阶段的要求推进服务业的发展，而是应当结合自身优势和条件，按照国家经济方式转变要求，抓住全球经济一体化和服务业发展格局深刻变化的机遇，通过扩大对内、对外开放，突破自身地域空间的阻隔和发展瓶颈的制约，以在全国乃至全球范围内吸引和集聚服务业发展要素，提升服务业发展能力，拓展服务业发展空间，走出一条实现现代服务业跨越式发展的新路径，构建以现代国际旅游休闲产业体系为龙头，以健康医疗、教育培训、会展服务为支撑，以现代物流、文化创意、IT服务外包、金融服务为新增长点的现代服务业体系，力争在现代服务业发展上取得重大突破，建成具有示范效应的国家服务业开放创新实验区。

四、在开放型路径下海南现代服务业发展的重点领域

1. 紧密围绕国际旅游岛建设目标，加快建设现代旅游休闲产业体系

依托海南国际旅游岛建设这一契机，加快推进现代旅游休闲产业体系的构建。利用海南岛天然物理隔离条件及政策优势，积极开展旅游综合改革和专项改革试点，扩大旅游业及配套产业的对内对外开放领域，加快建设现代化旅游休闲产业体系。

拓展旅游产业链条，实现由海滩游（三亚旅游）到海岛游（海南岛旅游）再到海洋游（南海旅游）的延伸。根据市场需求，推进旅游景区、度假区和特色旅游项目的建设，加大旅游业对国际资本和国内民间资本的开放力度，提升旅游项目的运营水平和活力。着力培育和发展高端商务旅游、高端休闲度假旅游、邮轮和游艇旅游等高端产品，在沿海选择

具有较好开发条件的海岛、海域发展一批特色旅游项目，积极推进森林生态、乡村度假、自驾车旅游等项目建设与发展，打造一批旅游休闲精品线路。

加强旅游业各配套产业发展，继续引进国内外知名酒店管理品牌，增强酒店住宿业态和文化的多样性，培育发展民宿业，推动酒店住宿业转型升级。规范餐饮市场，严格监督控制食品安全，引进国内外著名餐饮企业和餐饮品牌，满足不同消费者的需求，逐渐推进地方特色餐饮的标准化经营。重点打造万宁奥特莱斯购物中心、三亚国际免税城等一批品牌折扣店和大型品牌直销购物旗舰店，继续争取离岛免税购物政策的进一步放开，构建海南国际购物中心。

深化琼港澳台区域旅游交流合作，推进旅游管理体制机制创新。加快旅游基础设施建设，完善旅游公共服务设施和公共服务体系，加强旅游业的信息化建设。

2. 依托旅游岛优势加快发展商务会展服务业，打造国内外交流的新平台

继续以博鳌亚洲论坛、中国（海南）国际热带农产品交易会为依托，加快树立海南省的国际高端会展品牌形象，进一步开放会展业市场，积极引进国际顶级专业会展公司，积极吸引各类国际性、区域性会议、论坛等，吸引国内外大型企业、行业组织来海南召开年会、专题会议等，举办有影响力的各类研讨会、旅游相关博览会等，加快形成具有国内外影响力的国际知名会议和展览品牌，成为中国与世界开展经济合作、文化交流的平台。

重视相关配套服务发展。鼓励发展商务会展基地所需的专业会议服务公司、旅行社服务公司，加大对外商独资、中外合资和合作、外省市

企业的开放力度和引资力度，加快形成会议接待、展览展示、商务考察、票务服务、同声传译、休闲度假等相关服务，大力延伸会议服务产业链，提升海南省商务会展服务功能与水平。

3. 以开放试点为契机，发展国际医疗健康服务新业态

扩大医疗服务市场开放，放宽准入限制，加快建设博鳌乐城国际医疗旅游先行区，通过先行先试，重点支持国际资本和国内民间资本以独资、合资或合作的方式设立具备国际水准的综合性医院、高精尖专科医院、突发急救中心、康复中心和专门针对国外游客提供医疗服务的机构；鼓励和支持国内著名医疗机构在海南开设分支机构，对境外医师执业给予适当放宽，对进口医疗器械和药品给予特殊的税费等。

重点扩大医疗保健市场开放，鼓励社会资本和国际资本参与医疗保健旅游产业发展，鼓励国内外知名康体、保健机构进驻海南，大力发展康复、健身、养生等医疗旅游项目，将海南建设成为国内外知名的健康养生旅游目的地。

积极推进养老医疗产业发展，以国际化、产业化为特点，延伸养老服务、产品开发、医疗康复、老年职业培训等核心价值链，构建养老医疗服务体系。

积极探索医疗保险开放，重点探索将外资、民营医疗机构纳入国内医疗保险体系，试点与主要客源国医疗保险支付系统对接。

4. 以吸引和培育高层次人才为导向，发展多层次的教育培训服务产业，将海南打造成国内外知名的旅游人才高地

降低教育服务门槛，引入市场竞争机制，鼓励社会资本进入教育领域，加快形成以政府办学为主体，公办教育和民办教育共同发展的新格

局，提高幼儿园、中小学等基础教育质量和标准，为吸引高层次人才、解决其子女就学创造条件。

重点发展与旅游相关的教育培训项目，引进国际优质旅游教育培训资源，允许中外合作办学、国外教育机构在海南建立中国校区等多种形式，建立旅游产业的高等教育基地和职业教育与培训基地，使海南成为国内领先、国际知名的旅游人才高地。

探索加快建立有利于教育国际化的政策体系，探索建立与国际学术评估机构或认证机构的合作关系。

5. 离岸和在岸结合发展服务外包，促进海南融入全球服务产业链

依托得天独厚的环境优势，充分发挥环境对外包企业和人才的吸引力和集聚力，做好重点企业和关键人才的引进工作。进一步加强园区载体功能，推进海南生态软件园、海南国际创意港、三亚创意产业园等服务产业集聚区的建设，发挥产业集群和规模效应，建立和完善软件产业公共技术服务体系，加强软件、设计等知识产权保护，不断完善支持产业持续发展的政策环境。积极承接境内外的软件外包，促进软件外包服务范围的拓展以及服务层次的提升，培育一批具有国际竞争力的软件企业。重点发展动漫产业、数字艺术设计、网络游戏、多媒体软硬件研发和制作等创意产业外包，大力发展汽车、石化等行业软件开发与服务。

6. 以服务国际旅游岛为核心推进金融服务业发展

重点围绕旅游、健康医疗及养老等服务行业，推进海南金融业开放，吸引国内外相关领域的产业基金、养老基金、保险机构进入海南，促进相关金融机构集聚，支持相关金融、保险产品创新，允许开展人民币离

岸业务试点，打造具有国际旅游岛特色的金融中心。

7. 以服务海岛农业和南海开放为依托，加快现代物流业发展

在加大政府投入力度，进一步完善物流基础设施建设的同时，加快物流业的对内对外开放，重点吸引国内外知名、具有跨区域、国际化农产品经营网络的国内大型物流企业，围绕南菜北运、热带水果、海洋渔业、特色农产品加工，加快建设以冷链为核心的现代农产品物流体系。

以洋浦和海口为重点，以保税港区和港口物流基地为依托，加快重要港口等物流基础设施建设，吸引国际知名物流企业、国内大型物流企业、大型贸易和制造企业的国际采购中心等现代物流主体，构建面向全岛的工业品及高端进口商品的物流配送体系，以及服务华南、面向东南亚的国际采购和分拨中心。

结合海岛特点，探索海关特殊监管区监管模式创新，实现以物理围网向电子围网监管转变，加快实施"无纸化"通关、"舱单预申报"等监管创新，提高海南贸易便利化程度。

8. 发展具有海南国际旅游岛特色的文化娱乐产业

突出海南文化特色，建设海南文化旅游品牌，充分利用海南特有文化旅游资源亮点，形成有本土特色的文化娱乐产品。

大力推进热带雨林、海洋、航天、电影等文化主题公园的建设，积极吸引全国和国际各类专业性演艺团体，引进国内外知名文化传媒企业，打造一批旅游演艺精品。

推动三亚创意产业园、海南国际创意港等一批产业园区建设，促进文化创意产业集聚化发展，增强集聚区的产业孵化功能和集聚辐射功能，把海南建设成具有较强竞争力的文化创意中心。

探索开放博彩产业，重点面向港澳地区开放，支持开发体育博彩新品种，以博彩业发展促进国际大型体育赛事，增加海南旅游岛的集客效应，形成海南旅游发展的新增长点。

五、海南现代服务业开放型发展的政策保障

1. 尽快制定现代服务业发展规划和投资目录

根据海南建设国际领域岛的目标和要求，结合海南现代服务业发展的基础和条件，尽快制订海南现代服务业发展规划，明确海南现代服务业的发展方向、主要任务和布局，为国内外资本和企业进入海南，参与海南现代服务业大发展提供指引。

在此基础上，制订海南现代服务业对内对外开放的产业投资目录，明确准入门槛，为海南现代服务业发展注入活力和发展要素。引导国内外资本和企业参与海南现代服务业发展，在开放初期，投资目录宜采用正面清单方式，明确对国内外开放的投资领域和准入条件；待开放进入中后期条件成熟时，可参照国际规范采取负面清单方式，明确限制投资和开发的领域，采取非禁进入的开放方式。

2. 争取国家支持，开展现代服务业开放先行先试

服务业开放是事关我国经济发展方式转变的全局战略，也关系到我国在区域乃至全球经济合作的相关政策。因此，海南加快现代服务业开放，需要放在国家对外开放的总体战略中加以推进，并得到国家及有关部门的支持。为此，海南应积极争取国家给予现代服务业开放先行试点的支持，可比照上海自由贸易区的办法，在海南设立自由贸易区，争取

服务业开放先行试点；或者比照综合改革实验区的方式，在海南建立服务业开放创新实验区，支持海南进行服务业开放的先行试点。

3. 完善相关政策，为现代服务业创造良好发展环境

建议比照国务院关于加快建设海南国际旅游岛的若干意见和海南出台的相关政策，制定海南加快现代服务业发展的支持政策，从土地、人才、财政、税收、外汇等方面给予支持和激励，促进海南现代服务业加快发展。

4. 加强海南对内对外交流合作机制建设

重点加强海南与国内外旅游休闲胜地及主要客源地之间、国内外相关行业协会及国际机构之间、服务企业之间等多层次的合作和联系机制建设，特别是深化琼港澳台区域旅游交流合作，推进三地之间服务业发展合作机制创新，促进企业的跨区域投资和发展，创造外来企业与本地企业平等竞争环境，促进海南服务市场的辐射范围加快扩展。

5. 加大投入，建设高水平基础设施

在合理规划的基础上，重点加大各类交通基础设施建设，打造更为完善、便捷的综合交通设施网络。

加大投入和政策引导，重点支持重点景区、服务业集聚区相关基础设施和功能平台建设，加快提升其对现代服务业发展的支撑能力，提高全省服务水平和效率。

加大信息化投入力度，建设高水平的信息化基础设施，推动旅游休闲信息平台建设，推进大通关平台信息资源整合，完善为岛内各类服务企业提高现代化经营环境和创新创业的基础条件。

6. 增强公共服务能力，促进现代服务业有序发展

尽快建立现代服务业发展协调机制，由省政府主要领导牵头，相关主管部门参与，定期就海南现代服务业发展面临的问题及相关政策措施进行讨论、协商，以加快政策创新和形成政策合力。加强宣传和政策解读，尽快树立海南现代服务业发展的区域品牌形象。尽快修改和完善海南服务业相关法律规范，加强政府监管能力建设，促进服务业规范有序发展。

专题三 南海资源开发战略、路径和政策研究

一、南海资源开发是海南国际旅游岛建设的必然选择

1. 海南国际旅游岛战略定位对南海资源开发提出了强烈需求

《海南国际旅游岛建设发展规划纲要（2010～2020）》，将海南国际旅游岛的战略定位确定为我国旅游业改革创新的试验区、世界一流的海岛休闲度假旅游目的地、全国生态文明建设示范区、国际经济合作和文化交流的重要平台、南海资源开发和服务基地、国家热带现代农业基地。

海南国际旅游岛六大战略定位，无不与南海资源开发有关，特别是让海南国际旅游岛成为"南海资源开发和服务基地"，意味着开发南海资源是海南国际旅游岛建设的重要依托和主要任务。事实上南海地区也具有这个条件：地理位置重要，航道交通条件便利；海域面积辽阔，水体巨大，水域深渊；旅游资源独特，海洋渔业、生物资源、油气及矿产资源富饶，开发前景广阔。目前南海已开发资源仅占资源总储量的一小部分，还有更多的资源蕴存于海洋之中等待进一步开发，一旦南海丰富的资源获得开发，将大大推动海南国际旅游岛的建设。

2. 南海资源开发是海南国际旅游岛建设的强有力支撑

①旅游资源开发本身是国际旅游岛建设的重点。旅游产业的开发必须依托一定的旅游资源，一般来说，旅游资源越有特色，旅游活动就越具吸引力。海南国际旅游岛的建设必须依托海南独特的旅游资源，将海

南旅游资源进行整合、规划、定位、保护、开发是海南国际旅游岛建设的先决基础。

②油气资源开发为国际旅游岛建设提供重要的财政支持。现代旅游活动不仅追求"大饱眼福"，还要追求整个旅游过程的身心愉悦，因此，仅有独特的旅游资源还不够，还必须具备完善发达的旅游基础设施，交通、住宿、餐饮、娱乐、购物等配套设施必不可少。目前南海旅游开发尚处于起步阶段，相关设施建设十分不完善，地方政府财力相对有限，亟需强大的资金支持，而南海油气资源丰富，其开发可以给地方政府创造可观的财政收入，这将是对国际旅游岛建设的有力财政支持。

③海洋渔业资源开发增加国际旅游岛建设和发展的多样性、稳定性和特殊性。从世界旅游发展趋势来看，陆上旅游向滨海旅游转移是一大趋势，其中渔业资源开发是海洋旅游的鲜明特色和重要内容，如垂钓观鱼、品尝海产品、购买渔业加工艺术品等。南海由于地理位置和气候原因，渔业资源种类丰富、独树一帜，这一资源的开发必将增添国际旅游岛建设和发展的多样性、稳定性和特殊性。

④海底资源开发丰富和提升旅游形态。传统的海洋旅游项目主要有海上观光、休闲度假、沙滩运动等，活动范围主要在滨海陆地和大洋表面，而当前随着科技的发展和人们对高端旅游活动的向往，以海底为活动范围的新兴旅游项目应运而生并方兴未艾，如休闲潜水、海上拓展训练、海底科考、海底探险等。南海海底资源斑斓多奇、五光十色，其开发必将有利于丰富和提升旅游形态，推进传统旅游活动向高端发展。

二、南海资源开发的基础条件分析

1. 资源基础极具特点

①渔业资源。据调查评估，南海渔业资源约有500万吨，年可捕量约200万吨。南海鱼类品种繁多，有近3000种，其中主要经济鱼类800种，而经济价值较大的又占了200种。其中，在西沙群岛大约有40多种，在南沙群岛大约有80多种。

②油气资源。南海缊藏着丰富的油气资源，预测的资源潜量为石油约400亿吨，天然气约15万亿立方米，堪称第二个"波斯湾"。据测算，未来南海仅油气资源储量方面的开发利用价值就高达2万亿美元。如果一切条件顺利，三沙管辖海域在"十二五"末期有望实现2000万吨油的产出规模。一旦海南管辖海域能源资源实现大规模开发，即使其中只有5%的资源经济收益由海南分享，预计也将近万亿人民币。除常规油气外，非常规可燃冰资源储量也非常可观，在南海海域的陆坡、陆隆区和西沙海槽区蕴藏的天然气水合物（又称可燃冰）约700亿吨油当量。

③矿产资源。除油气资源外，南海海底还蕴藏着大量有价值的矿藏，包括锰结核、热液矿床和钴结壳等。其中，锰结核又称多金属结核，主要集中在中沙群岛南部海盆、东沙群岛东南及南部陆坡区，富含锰、铁、镍、钴、铜等50多种金属元素、稀土元素和放射性元素，极具经济开发价值。而海底热液矿床（富含铜、铅、锌、金、银等）和钴结壳（富含钴、镍、金、铂等），尽管目前尚未进行全面资源调查，但随着人们认识的提高，对其开发和利用已指日可待。

④海洋生物资源。海南南海海域生物资源种类丰富，据统计，底栖

动物达6000多种。除渔业资源外，主要海洋植物是海藻，海洋无脊椎动物有棘皮类的海参、海星和海胆，腔肠动物珊瑚和海蜇，多毛类沙蚕，贝类和头足类的软体动物，甲壳类的虾、蟹等；脊椎动物有海龟等爬行动物和鲸、海豚等哺乳动物。它们有的可供食用，有的可供药用，有的可作工业原料，用途甚广。

⑤海水资源和淡水资源。我国南海海水资源丰富，在四大边缘海区中具有不可替代的地位。据测算，南海海水的总体积大约为我国其他三大海区体积之和的14倍。无论是海水淡化或制盐，还是海水化学元素提取或综合利用，南海都展现出广阔的前景。与此同时，广阔南海及西太平洋海域水汽来源充足、降水丰沛，其中台风雨占到三分之一左右，南海诸岛年均降雨量在1300毫米以上，但雨量季节分配并不均匀，主要集中于夏半年。尽管年降雨量丰富，但由于岛上土质孔隙度高、渗透性强，导致无地表径流；同时，浅层地下水资源色中带黄、微咸，水质矿化度较高，不适口，仅可作一般洗涤、灌溉和普通建筑用，淡水资源匮乏，只有少量井中的水可用于饮用。

除上述资源外，南海还拥有丰富的能量资源，拥有海洋中几乎所有形式的自然能源，包括潮汐能、波浪能、化学能、海流能、温差能、盐差能等。南海多样化的动力能源资源，也将是我国南海资源开发和利用中的重要内容之一。

总体而言，海南南海渔业、油气、矿产、海洋生物等资源开发潜力巨大，但目前开发利用水平并不高，资源基础也仍待进一步调查、勘察，以为进一步开发做基础准备。

2. 基础设施与保障条件较为薄弱

①交通基础设施。目前，南海资源开发已具备一定的交通设施基础。

永兴岛上建有机场，可起降波音 737 飞机。岛四周有良好锚地，风浪小，有渔业补给基地和交通码头，有两个码头可停靠 5000 吨级轮船。此外，永兴码头二期工程正在建设，按照规划还将进一步扩建机场。琛航岛建有 5000 吨级避风港防风码头，甘泉岛有浅水码头，可停靠舢板。南沙太平岛也建有简易码头，设有直升机平台和可提供小型运输机起降的简易机场。

②电力能源供给。目前，两台 500 千瓦的柴油发电机组开始运行。这些发电装置成为岛上的主要电源。据规划，永兴岛供电系统完全建成后，总装机规模将达 3000 千瓦，成为国内较大的独立应用海岛风、光、柴油互补发电系统。其他岛屿主要利用柴油发电。

③通讯保障。目前，西沙群岛共建成 6 个基站，覆盖面积达 290 平方公里，基本满足了西沙群岛主要人群活动区域的信号覆盖，并实现了对西沙群岛的 3G 网络覆盖，还安装了应急备用设备，充分保障了遇到突发紧急事件时的通信安全。

三、南海资源开发现状与问题分析

总体来看，我国南海油气、矿产、渔业、生物等资源开发刚刚起步，动作迟缓，在开发时序上并不合理；陆地支撑空间狭小、开发空间不均衡、功能区划缺失等问题严重；基地建设滞后，规划前瞻性不够，配套建设各项条件未能有效满足；海上作业平台缺失、交通运输能力建设不足、电力和通讯保障能力有限、配套基础设施建设滞后等问题突出；政策法规尚不完善，激励约束机制并不到位，资源环境可持续发展面临严峻挑战，南海资源开发诸多问题亟待引起高度重视。

1. 南海渔业资源的开发现状与问题

近年来，南海渔业资源开发步伐加快，海洋渔业已成为海南省的支柱产业。2012 年，海南省海洋渔业增加值达 186 亿元，占到全省海洋生产总值的 25.67%。外海捕捞渔船从 2007 年的 839 艘增加到 2012 年的 1669 艘，数量翻倍，西、南、中沙渔业开发能力得到增强。深水网箱养殖从 2007 的 804 口标箱发展到 2013 年的 3640 口标箱，是 2007 年以前总数的 5 倍多，成为全国乃至亚洲最大的深水网箱养殖基地。在取得成绩的同时，我国南海海洋渔业仍存在不少问题。

①经济总量小、产业结构不尽合理。2012 年海南渔业资源生产总值分别仅占全国渔业和海洋生产总值的 1.07% 和 0.37%，与占管辖我国三分之二海域的省情极不相称。同时，海南渔业产业化水平不高，产业结构中的第一产业比重较高，第二、三产业发展滞后、比重偏低，集水产品加工、速冻、冷藏、销售为一体的各项交易功能齐全的海产品交易市场数量有限，很大程度上制约了南海渔业生产的快速发展。

②资源开发利用程度不高。海南省渔业资源的开发利用呈现出"近岸过度开发、远海开发不足"的局面。渔业开发集中在近海区，而远海开发受渔船设备、保障能力影响，开发远远不足。同时，作为衡量海洋资源开发利用程度重要指标的单位岸线海洋经济密度，在 2010 年为 0.29 亿元/公里，而该指标最高的上海市达到 27.28 亿元/公里，是海南省的 94 倍；岸线最长的广东省是 2.38 亿元/公里，是海南省的 8.2 倍，这反映出海南省海洋资源开发利用程度较低。

③生产水平总体较低。以深水网箱养殖装备及配套设施为例，目前海南部分地区已达到网箱规模，但网箱养殖过程中的操作机械化程度普遍较低，比如投饵、网箱水下监控、商品鱼起捕等很多环节操作还要通

过手工进行，这与深水网箱养殖代表现代渔业先进生产力不相称。

④产业投融资能力不强。目前海南省渔业及其他海洋产业投融资体制不健全、渠道不畅通，与重要的沿海省市如浙江、广东等相比，海南省还没有设立海洋产业专项资金，涉海企业不能直接进入资本市场融资，严重影响了渔业投入。

2. 南海油气资源的开发现状与问题

①南海周边国家大肆抢占。近年来，南海国家纷纷出台优惠政策，大规模地引入外国资金和技术，与国际大石油公司展开合作，以较有吸引力的合同条款将西方国家势力搅入了中国南海，令局势更加复杂化。有调查表明，几乎所有西方大石油公司均已卷入南海油气之争，所建油气井已经超过千口，每年开采的石油达6000万吨以上。目前南海石油已经成为越南国民经济的第一大支柱产业，其油气产值竟然占到越南国内生产总值的24%。马来西亚通过在南海开采油气实现了其国内汽油价格的长期低位，连石油工业落后的菲律宾近年来也加紧了对南海石油开采的招标。这些国家在侵占我国南海岛屿后，加紧岛屿基础设施建设，在大量攫取油气资源的同时，通过移民和发展旅游业，进一步强化对这一海域的控制和行政管辖。同时，加大军购，不断强化军事力量。南海周边国家的这些做法，进一步加剧了我国维护南海岛屿主权的难度。

②我国开发明显滞后。当前我国南海尤其是深海油气资源的开发状况并不尽如人意。尽管南海海域蕴藏着丰富的油气资源，但我国在开发上却相当滞后，特别滞后于周边国家——越南、文莱、马来西亚等。尽管我国也采取了对外合作的方法，并先后通过与美、英、法、日、澳等多个国家的石油公司合作，引进国外的先进技术和管理经验大力发展海上钻井技术，但总体而言，中国在南海油气资源勘探开发上的反应速度

远慢于东南亚国家。中国在南海的勘探和开采仅限于北部湾和珠江出海口的浅海，在资源最密集的南沙海域，至今没有一口井。这与南海海域都是上千米的深水区、油气开采技术和施工难度较大有关，与我们的战略不到位也关系极大。

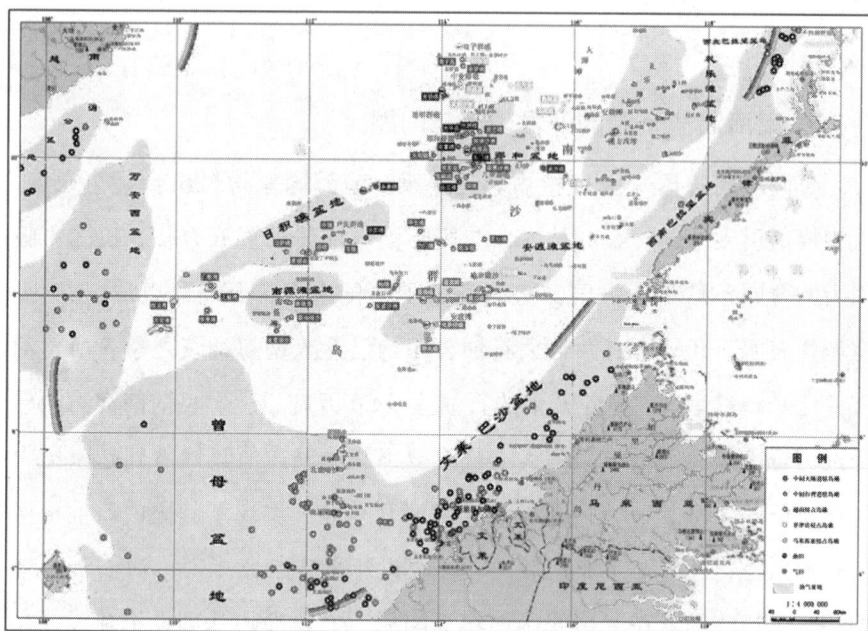

图1 控制油气岛礁图

注：南沙被侵占岛礁，特别是被越南、马来西亚侵占的岛礁，多位于南沙重要油气盆地附近，对我国在南沙海域进行油气资源开发存在重大威胁。

③近期国内三大石油公司进军活动加剧。近年来随着我国南海开发战略的推进实施，以中海油为首的国内三大石油公司都十分重视在南海的油气勘探开采业务。目前，国内三大石油公司在南海矿权登记情况为：中石油18个区块，面积126848平方公里；中石化3个区块，面积10573平方公里；中海油82个区块，面积541982平方公里。特别是中海油，更是致力于推进对南海深水油气资源的勘探和开发工作。目前中海油在海

南已累计投资逾240亿元，积极利用南海丰富的油气资源发展中下游相关产业。2012年5月9日，"海洋石油981"钻井平台在南海完成首次试钻，这是我国石油公司首次独立进行深水油气勘探开发，也使我国成为第一个在南海自营勘探开发深水油气资源的国家，这标志着我国海洋石油工业深水勘探开发的序幕正式拉开。值得关注的是，2012年6月和8月，中海油连续两次对外公布了共计35个南海油气招标区块，总面积逾20万平方公里。这是自2008年以来，中海油第5次向全球招标开发中国海域内的油气资源，也是自1992年中海油引入美国克里斯通能源公司在南沙海域"万安北－21区块"合作勘探之后，中国第一次在南海中南部海域进行油气勘探开发对外招标。未来随着南海油气资源开发的进一步深入，在确认区块油气资源开采潜力及自身可开采能力的基础上，中海油、中石油、中石化三大石油公司将继续单独或联合其他国外能源企业以加大南海油气资源勘探开发力度。如果开发进展顺利，在"十二五"期末，中海油在南海深水区域有望实现2000万吨油当量的产量规模；中石油公司在西沙海域有望达到1000万吨油当量的产量规模。

　　④海南将在南海油气资源开发中扮演重要角色。海南在"十二五"期间将进一步加大与中海油、中石油、中石化三大石油公司的合作力度，为海上石油钻井、生产平台、各类船舶作业提供物资采购、仓储、装卸、补给等配套服务。例如，海南在马村港建设中海油新的服务基地，按照满足年产3000万吨的需要规划建设；在三亚建设中石油开发服务基地，作为中石油开发南海油气资源的科研和后勤保障基地；海南还引进大型企业在洋浦、临高等地建设修造船、海洋工程等项目，力争把海南建设成区域性船舶制造基地，为开发南海油气资源提供装备制造和维修服务。总之，海南将依托海洋油气产业优势，积极推进南海资源开发和服务基地建设，以油气开发为龙头，推动集聚生产，发展油气化工一体化产业

链，构建海南海洋油气产业完整的产业体系。

3. 南海矿产资源的开发现状与问题

我国海洋矿业属于海洋新兴产业，发展速度快，发展前景广阔。然而，目前南海矿业开发还比较落后，存在不少亟需解决的问题，主要表现如下。

①总体规模较小，科技含量低下。尽管近年来南海矿产资源开发取得一定成效，但其总体规模并不大，经济效益在海洋经济所中占的比重并不高。同时，矿产资源开发总体水平相对较低，科技含量和技术装备水平较国外还有较大差距。

②海洋基础地质勘探不足，缺乏有效数据支撑。从20世纪50年代末起，我国开始了海洋综合普查性质的海洋区域地质调查及综合性地质调查工作，期间进行了两次大的海洋调查。然而，由于勘查技术的落后和部分资料老化，对南海矿产资源的调查程度还远远不够，特别是南海南部可用的基础数据资料相当少。

③开发和管理方式粗放，环境破坏和污染严重。长期以来，南海滨海砂矿开采缺少有效管理，开采过度，造成海岸的侵蚀破坏。尽管近年来有关部门加强了管理并取得一定成效，但当前形势依然不容乐观，今后监督、管理任务依然严峻。

④资源流失严重。目前我国与南海周边相邻或相向的菲律宾、印度尼西亚、文莱、马来西亚、新加坡、越南等国在海域划界和岛屿归属方面均存在不同程度的争议问题。许多岛礁被他国侵占，矿产资源被掠夺，南海海洋权益受到侵犯。

4. 南海生物资源的开发现状与问题

①开发利用长远全面规划和即时动态监测缺失。目前南海海洋生物资源利用缺乏全面规划和动态监测，盲目开发、无序开发等现象严重影响海洋生物资源的可持续利用。以海水养殖为例，由于生产布局缺乏全面规划管理，不少地区养殖场过密，排污水平超过最大环境容量，导致海水水质恶化，病害流行，养殖经济产品大量死亡或减产，这种状况势必使海洋经济难以持续发展。

②海洋环境污染严重与资源连带性流失并存。由于对海洋生态一体性重视不够，近年来伴随大规模经济建设的进行，南海生态环境开始出现退化，赤潮等自然灾害频发，水域污染事故不断增加，海洋生物的主要产卵场和索饵育肥场功能明显退化。此外，南海周边许多地区盲目围垦、填海造地、滥取海沙等现象十分普遍。围垦、填海加快了海岸形态的改变，使作为海洋生物主要栖息地和繁殖场所的滩涂、湿地和港湾随之消失，给生态环境造成了不可逆转的毁灭性损害。

③资源开发品种和用途结构不平衡。近年来，受经济利益刺激，南海周边国家和地区对渔业资源的开发强度不断加大，捕捞量不断增加，但对软体动物资源、甲壳动物资源和海洋植物资源等开发却相对不足，尤其是对其医药、观赏、种质等功能的开发几乎才刚刚起步，而这些新用途往往比渔业资源的开发潜力更大，附加值更高，不应忽视。

④科技力量难以支撑产业深层次发展。目前海洋生物科研成果相对较少，科技成果产业化进展较慢、转化率较低，产、学、研相结合的有效机制尚未形成，科技成果难以支撑产业结构深层次合理发展，致使海洋生物资源深加工利用少、产品附加值低、科技含量低。海洋捕捞和海水养殖仍然占主导地位，而水产品加工、海洋医药和保健品制造、海

洋生物产品贸易等海洋生物二、三产业发展相对缓慢，还未形成规模。

⑤开发管理秩序混乱。当前南海水生生物资源管理存在着体制不顺、机构设置不合理、职责不清、权限不明和重复管理等问题，造成在资源的开发和保护方面秩序混乱，地方政府部门未能充分发挥其相应职能，越位、错位及缺位现象严重；利益的驱使令一些部门、行业、地方为谋求自身利益的最大化而忽视其他利益，只是低效地开发相关海洋资源，没有考虑资源开发的整体效率。

四、南海资源开发战略思想、原则与重点

1. 战略思想

以科学发展观为指导，深入贯彻落实党的十八大中"提高海洋资源开发能力，发展海洋经济，保护海洋生态环境，坚决维护国家海洋权益，建设海洋强国"的精神，以维护南海主权为核心，以海南国际旅游岛建设为重要契机，坚持陆海统筹和综合开发相结合，坚持维护国家战略安全和促进区域经济发展相统一，坚持开发与保护相协调，结合南海特殊的地理位置、资源特征和实际需求，进行有特色的体制机制安排，分步统筹渔业、旅游、油气、矿产、生物等资源开发活动。

2. 战略原则

①维权至上。维护国家海洋权益是第一位的，社会经济发展须以维护国家海洋权益为最高目标和原则，以维权统领南海资源开发工作。理顺维权和维稳、开发和保护、经济发展和军力建设之间的关系。增强在

南海地区的军事存在，加强后勤及综合保障能力建设，为南海军事斗争提供重要支撑。

②效率优先。在国际旅游岛建设的背景下，面对南海日益复杂的形势，资源开发活动应坚持高效、高水平的原则。通过开发巩固维权，在开发过程中坚持"保护优先"。在南海试点海洋综合管理执法，理顺海上管理执法关系，优化配置资源，提高海上综合执法的效率。在重大项目实施上，开辟绿色通道，确保南海斗争的主动权。

③规划引领。注意开发和建设的时空顺序。注重科学规划，坚持规划引领，确保各项规划在南海资源开发中的基础设施建设、生态环境保护、效率效能、民生发展等方面发挥重大作用。当前，社会各界对开发南海资源的积极性很高，要通过规划引导其有序发展。

④能力建设。注重发展能力的建设与提升，扩大战略支点作用。通过能力建设提高南海的管控能力。从增加后勤综合保障能力、增加装备（特别是舰艇）、人员编制的数量入手，确保对我南海区域的"常态化"巡航、护渔工作，提高管控能力建设。

⑤多元主体。要统筹规划，积极鼓励和引导社会各方面力量，包括政府、企业、居民、NGO 等参与南海岛礁建设工作，服务南海资源开发与国际旅游岛建设等，形成合力，参与建设、发展和维权。

⑥互利互惠。建立南海地区与海南省、全国各地经济社会发展的互利互惠关系。通过机制设计和利益分配机制，使援建可以获得回报，形成良性循环机制。

3. 战略重点

以三沙市开发建设为契机，加快南海资源开发，加强海洋生态文明建设，着力构建海南特色海洋产业体系。

①现代海洋渔业。贯彻"南海维权维稳，渔业先行"的战略思想，加快组建大吨位三沙捕捞船队，依托三沙战略腹地打造深海渔业综合服务基地，积极发展抗风浪深水网箱养殖，努力形成三沙常态化、规模化渔业生产态势。支持渔民组建专业合作社，扶持龙头企业，创建知名海产品牌，全面提高渔业组织化水平和品牌效益。严格控制近海捕捞强度，鼓励发展远洋捕捞，提升捕捞技术装备水平，引导渔民转变捕捞作业方式，构建外海产供销一体化的捕捞生产模式。积极提升渔业科技水平，推进水产健康养殖，培育热带水产苗种繁育体系，发展水产品精深加工，建设水产品物流基地和渔业出口基地。发展热带休闲和观光渔业，制定休闲渔业管理办法，理顺休闲渔业管理体制，推进海洋水产品资源保护区建设。完善水产品质量安全防控体系，建设水生动物疫病防治和水产品质量安全检验检测网络。

②海洋油气开发与服务业。加大南海油气资源勘探开发力度，支持中石油、中海油、中石化及其他大型石化企业勘探开发三沙海域油气资源，强化国际合作，进一步扩大勘探开发海域。加快发展南海油气资源勘探开发服务业，以优惠的用地、用海等政策吸引大型海上油田服务公司到海南落户，为南海油气资源勘探、开发提供专业性的钻井服务、油田技术服务、船舶服务、物探勘查服务等，大力提升对油气勘探开发企业的物资采购、仓储物流、后勤保障、装备修造、研发等综合服务能力。推进洋浦南海油气资源加工储备基地建设，构建华南地区石油石化产品交易中心、科研中心。

③海洋新兴产业。加快发展海洋生物医药产业，引导、支持医药企业和科研机构加强海洋生物活性物质的开发应用，发展工业用酶、医用功能材料、生物分离材料、绿色农用生物制剂等海洋新产品。大力发展海洋工程装备制造维修产业，鼓励国内外企业在海南建立海洋风能、太

阳能、潮汐能等新能源发电技术研发基地，建设海洋新能源发电站。鼓励研发适宜南海海岛、远洋船舶海水淡化的技术与装备，支持无淡水的海岛布局建设海水淡化工程。结合三沙战略腹地建设，建立特色海洋产业园区，打造高水平海洋高技术制造、科技研发和服务业基地，积极发展海洋高端装备制造、涉海金融保险、信息服务、文化创意、研发转化等产业。

五、加快开发模式和政策创新，科学有序开发南海资源

1. 创新南海资源开发模式

①军民融合模式。资源开发是现阶段宣示南海主权的最好形式，也是实现主权的主要形式，但并不意味着就一定没有战事。南海始终是国家安全的前沿哨所，只有具备强大的战备才具有威慑力，并在必要时给来犯敌人以致命一击。因此，南海资源开发必须实行军民融合模式，在人员上实行亦兵亦民政策，平时能生产，战时能打仗；在基础设施和产业发展上也必须体现这个特点，军民两用，同时，资源开发不能妨碍军事工地建设，产业发展不能与国防安全相冲突。

②契约开发模式。对基础设施等的建设采取契约开发模式，即通常所说的 BOT、TOT、ABS 与 BTO 等形式，多渠道地灵活解决当前资金来源不足问题，并快速改善南海基础设施建设滞后的劣势，提升南海资源开发速度和质量。

③特许经营模式。对南海国土开发必须实行控制能力与开发能力并重的原则。目前一些偏远、孤零海岛基础设施缺乏，而全部由政府投入资金进行开发和管理并不具有经济上的可行性，因此，在不妨碍国防建

设、科学研究、生态环境保护等前提下，有必要允许企业、个人对单个海岛进行规划、设计、投资和经营，通过政府对其行为监督管理并收取税费，进而保障投资企业或个人在合约期内取得合理合法的投资收益，而待合约期满后再将相关权益交还给政府。

④陆海统筹模式。南海地区海域面积大而陆地面积小，土地资源紧缺，且远离大陆腹地，一些基本生存需要无法实现自身供给，而沿海腹地发展临港经济也必须依赖南海资源的开发，如洋浦的油气加工贸易产业就必须依赖南海油气资源的开发，因此必须实行陆海统筹模式，优势互补，互惠互利，通过体制和机制创新，使二者紧密结合成一体，发展海洋—岛屿—腹地复合型经济。

2. 创新南海资源开发政策

①加快制定南海地区海洋资源开发利用中长期规划。坚持规划先行，基于维护国家领海安全、科学合理开发利用海洋资源及岛礁资源的需要，制定海洋资源开发利用总体中长期规划，探索海洋资源开发利用新体制、新机制、新模式，大力发展海洋渔业、海洋旅游业、海洋油气业、海洋矿产业、海洋生物医药业、海洋交通运输业、海洋船舶制造业、海水利用开发等产业。

②做好资源基础调研工作，建立南海地区海洋自然生态保护区。加强地理信息测绘工作，逐步建立健全覆盖南海地区的海岛、海洋地理信息资料。做好南海海岛、海洋各类生态系统功能、结构、生物多样性等调研工作，实施西、南、中沙群岛等岛屿和海洋地质、生态资源调查和评价。加强西沙群岛生态保护，加强环保基础设施建设和海岛、海滩生态修复工作，严格填海造地审批和环境影响评价制度。完善体制机制，加强技术支撑和监督执法，扎实推进南海海洋自然生态保护区的设立、

运行和管理。

③建立南海生态补偿机制。探索建立南海地区生态补偿基本制度，建立健全海洋生态补偿综合管理体制和协调机制，严格问责制度，加强对生态补偿资金分配使用的监督考核，执行"谁贡献、谁优先受补"原则，调动相关主体海洋生态保护的积极性。出台海洋生态补偿政策法规，建立和完善南海生态功能区的生态环境质量和承载能力监测预警机制，确定生态补偿的标准体系，培育生态服务评估机构，在条件具备时逐步探索生态服务交易机制。建立生态补偿长效机制，探索生态补偿统计发布制度，将其纳入地方政府绩效考核体系。

3. 实施南海资源开发优惠政策

①产业政策优惠。对现阶段能有效促进南海资源开发的重要产业，如海洋渔业、海洋油气业、海洋旅游业、海洋物流运输业、金融业以及供水供电供食供网等基础产业，实行国家产业投资优惠补贴政策，在壮大产业发展规模的同时，积极引导海洋油气业、海洋旅游业、海洋渔业等传统产业向高级化方向发展，促进其技术升级、结构优化、效益提高以及绿色化、低碳化方向发展。同时，大力支持海水综合利用、海洋工程装备研发、远洋渔业、海洋节能减排、海洋生态保护等海洋高新技术产业发展，建议考虑专列一批国家重点扶持和鼓励发展的科技项目。

②土地政策优惠。针对开发南海资源所依托的战略腹地建设用地和围填海指标，建议国家有关部门在年度计划指标之外，直接下达海南省。制定鼓励围海造地相关优惠政策，具体可以对造地方进行一次性直接补贴，或者可以明确给予一定的免费使用年限（或者降低土地的使用费用）、赋予造地方优先使用权等多种措施；对于利用礁石、无居民区进行

开发建设，引进产业项目的，免交土地出让收入和新增建设用地土地有
偿使用费。对参与南海资源开发相关企业一线工作者住房安置用地、科
研考察用地，以及开发建设必需的建设用地，不涉及农用地转用和土地
征收的，可由省、市国土资源管理部门办理用地手续，涉及农用地转用
和土地征收的，可边建设边报批，按用地审批权限办理用地手续，可边
占边补，实行占补平衡。

③财政政策优惠。加大中央财政对油气、渔业、旅游等海洋资源开
发关键领域的专项转移支付力度和各部委产业项目在南海的布置力度，
可考虑设立特种国债，合理设定发行期限、规模等，取消或降低地方资
金配套比例，专项用于南海资源开发建设。同时，加大中央财政对基础
设施建设的资金支持力度，建议设立专项资金，重点支持综合交通运输
体系和淡水、食品、电力、通讯等基础保障设施建设。此外，还可考虑
建立以东部沿海省市为主的南海资源开发对口支援机制，加大支援力度，
创新援建方式，以海洋经济为纽带，实现东部沿海省市的资金、技术、
人才优势与南海资源优势的有机结合。

④税收政策优惠。对直接参与南海资源开发或投资电力、通讯、信
息、供水等基础设施的企业，给予"三免两减半"的税收优惠。对在
南海海域从事深海养殖、捕捞、加工和渔业服务的企业免征所得税。对
参与南海开发建设的一线工作者，免征个人所得税。对南海油气勘探资
源开发企业减免属于中央收入的矿产资源补偿费、探矿权采矿权使用
费等，对其使用进口设备免征关税，对在海南所辖海域新产生的油气
增值税、资源税等加大地方分成比例。还可通过减免税率、税前抵扣
研发费、投资抵免、固定资产加速折旧等税收优惠方式激励企业研发
投入。

⑤人口政策优惠。在完善户籍制度基础上制定优惠政策，加快南海

资源开发相关人员集聚，一方面吸引渔民和海洋从业人员前来定居，壮大"原住民"规模；另一方面实施灵活的户籍政策，通过授予临时户籍、双重户籍、荣誉市民形式以及采取比较宽松的计划生育政策、高考加分照顾政策、入籍人口补贴保障政策、人才补贴奖励政策等吸引高端人才落户和援建。同时，构建特色海上流动人口管理机制，加强对渔民、游客、海上作业人员等的动态统计监测，提高对海上流动人口的治安、卫生、医疗等的公共服务能力，加强海上执法能力，健全突发事件应急处理机制，确保南海资源安全高效开发。

⑥金融政策优惠。国家层面应促使政策性银行和商业银行优先把资金安排到南海资源开发相关领域，通过增加信贷规模、贴息优惠、营业税与所得税优惠等方式，重点支持海洋产业发展和重大基础设施建设，必要时还可考虑研究设立南海开发银行，作为支持南海资源开发的政策性银行。鼓励创新区域金融服务，开展海南离岸金融业务试点，向南海资源开发相关企业提供特色金融服务，如离岸融资租赁等。加强担保制度建设，进一步放宽在海岛开发、基础设施建设及深海渔业、海洋旅游、油气资源开发等领域的准入条件，以各种方式引导、撬动、吸引社会资本和民间资本参与到南海资源开发之中。同时，吸引优势企业来海南注册，给予特许经营权，对符合条件的、主要从事南海资源开发、资信较好的企业，可争取发行企业债券资格，并对具有涉海优势潜力重点企业，给予上市融资的支持。探索建立完善的海洋资源开发事故赔偿责任制度，鼓励保险公司在南海海域发展海洋生态损害责任险、政策渔业保险、海上货运险等海洋特色保险产品体系，研究将海洋生态损害责任险等主要涉海险种纳入政策性保险。

⑦基金政策优惠。在国家严格基金管理的大环境下，考虑到南海资源开发的特殊重要地位，可以向上级部门申请，允许南海特事特办，设

立南海民间建设基金，接受爱国人士、企事业团体等的捐赠，并加强信息公开和社会监督，确保基金用于资源开发和海岛建设。研究设立南海产业投资基金，吸引国内资本及符合战略意图的国外资本设立南海海岛开发、油气开发、旅游发展等专项风险投资基金，引导、撬动社会资本参与。

专题四 海南国际旅游岛特色城镇化道路研究

伴随海南国际旅游岛的建设，海南旅游业和服务业的发展空间巨大，这将为海南的城镇化和城镇建设带来新的动力，增强新的活力，同时，海南的城镇化也必须符合海南国际旅游岛建设的需求，为旅游业的发展提供重要支撑。因此，迫切需要更加准确把握海南城镇化道路的基本特征，探索海南城镇体系建设和空间布局的新模式，促进海南绿色低碳城镇的发展，实现海南特色城镇化和国际旅游岛建设的深度融合。

一、海南城镇化的重要特色

据统计，海南省 2012 年总人口为 877 万人，其中城镇人口 457 万人，城镇化率为 51.6%，比全国的平均水平略低 1 个百分点。海南的城镇化主要有 3 个特色。

1. 以热带岛屿为自然本底条件的城镇化

海南是一个典型的海洋群岛省，也是我国唯一的热带海岛，有岛礁 600 余座，露出水面的岛屿 280 座，分为四大群：海南岛及其周围岛屿、西沙群岛、中沙群岛和南沙群岛。陆地面积约 3.54 万 km^2，海洋面积约 200 万 km^2，是全国陆地面积最小、海洋面积最大的省份。在海南省的全部岛屿中，面积最大的海南岛是海南省陆地主体，平面呈雪梨状椭圆形，面积约 3.44 万 km², 为全国仅次于台湾岛的第二大岛。

海南热带岛屿本底特征的第一个影响是地貌类型多变, 适宜建设的土地主要分布在海南本岛四周沿海地区, 从而决定了海南城镇化的主要空间范围也在于海南本岛四周沿海地区。海南岛立体形状成一倒置的锅底, 中间高耸、四周低平。中部有 1000 米以上的高山, 以五指山和鹦哥岭为海南岛地貌隆起的核心, 从中间向四周逐级降低, 顺次由山地、丘陵、台地、阶地、平原组成环形层状地形。环岛滨海平原占全岛总面积的 11.7%, 有 1500 多公里的海岸线, 有大量的珊瑚礁岸和繁茂的红树林。

海南热带岛屿本底特征的第二个影响是海南的农业基础比较好, 特色农业发达。海南的城镇化必须考虑海南农业的特殊地位, 海南的城镇化必须高效利用海南的建设用地, 不能占用过多的耕地。海南全年太阳辐射量 125~150 千卡/平方厘米, 有效辐射 2100~2600 兆焦耳/平方米, 为全国首位; 年均日照时数 2200 小时, 仅次于青藏高原; 具有雨热同季的特点, 光能可得到充分利用。年平均气温 22.5~25.6℃ 以上, 年积温 8000℃~9300℃, 长夏无冬, 终年无霜, 有"天然温室"之称, 为全国南繁育种基地、最大的热带作物生产基地, 是发展热带高效农业和冬季农业的黄金场所。海南生物物种丰富, 是全国生物多样性最重要的地区, 许多物种资源为海南特有, 独特的资源禀赋和优越的生产条件使海南农业在全国具有"人无我有、人有我特"的优势。

海南热带岛屿本底特征的第三个影响是其得天独厚的气候资源和魅力独特的旅游资源。海南是典型的热带季风岛屿气候, 辐射量大、日照长、气温高、积温多, 具有强光、高温、多雨、富风等特征, 为经济和旅游业的发展提供了良好的自然生态条件。海南的旅游资源也很丰富和独特。海南有神奇的原始森林, 珍稀的热带动植物, 辽阔富饶的热带海洋、神秘的西南中沙群岛及水下景观，是观光、休闲、疗养、度假和科研考察的最佳目的地。

海南热带岛屿本底特征的第四个影响是生态环境较为脆弱，并不适宜大规模、高强度、遍地开花式的城镇开发。海南作为海洋岛屿，其海岛生态环境具有明显的特异性。虽然海南有很多具有独特优势的自然资源，但海南也存在台风、旱涝、虫害等自然灾害。同时，由于海岛生态系统相对独立，自然生态环境脆弱，人为的破坏和外来生物入侵都会引起生态环境退化和生物多样性的减少。例如作为岛屿生态环境重要组成部分的珊瑚礁，就时常遭受着生产生活污染源的严重危害。失去珊瑚礁的保护，不仅岛屿环境会恶化，而且危及整个海岛系统。

2. 以服务业尤其是旅游业为主要支撑的城镇化

海南的工业基础较弱，难以独力支撑海南的城镇化。海南 2011 年的 GDP 增速和人均 GDP 水平均排名第 18 位，处于平均水平，其人均 GDP 为 2.9 万元/人，相比广东的 5.1 万元/人等沿海发达省份差距较大。海南在工业发展方面目前存在的差距主要有：①大规模、大项目、高技术、资金密集型的企业缺乏，产品的技术档次、附加值都较低，知名产品不多，市场竞争力较弱。②联系紧密、门类齐全的核心产业链比较缺乏，工业企业比较分散，生产联系和协作配套比较滞后，产品链和市场链也比较薄弱。③海南的工业发展起步晚、成本大、基础差，行业的技术熟练工人缺乏，同时还存在制约物流运输的瓶颈，工业发展的环境还需要进一步的改进。

海南自然生态环境优良，适宜服务业尤其是旅游业的发展。近年来海南现代服务业较快发展，旅游业、房地产业、批发业和金融业是支撑海南服务业较快增长的主要亮点。海南已初步形成以旅游业为龙头的特色鲜明的现代服务业产业体系，呈现出总量规模迅速扩大，发展速度逐步加快的态势。按照国务院 44 号文的要求，到 2020 年海南旅游业增加值占地区生产总值比重达 12% 以上，第三产业增加值占地区生产总值比重达到 60%。因此，包括旅游业在内的第三产业将是支撑海南特色城镇的重要乃至主要的力量。

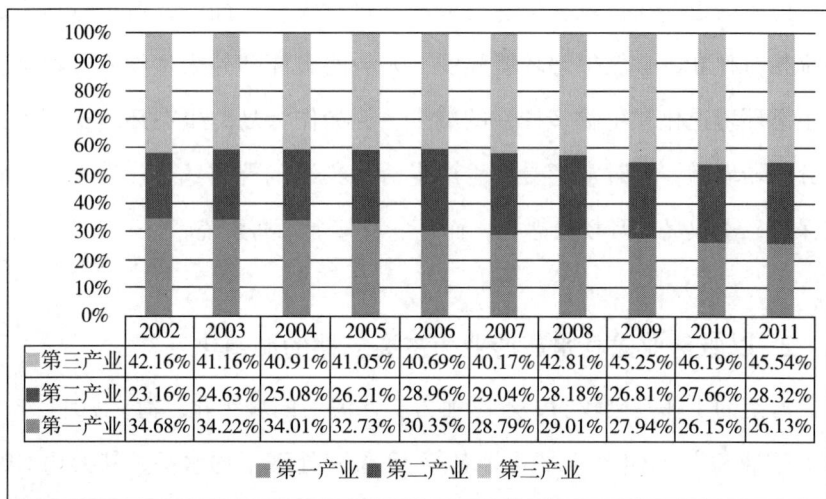

	2002	2003	2004	2005	2006	2007	2008	2009	2010	2011
第三产业	42.16%	41.16%	40.91%	41.05%	40.69%	40.17%	42.81%	45.25%	46.19%	45.54%
第二产业	23.16%	24.63%	25.08%	26.21%	28.96%	29.04%	28.18%	26.81%	27.66%	28.32%
第一产业	34.68%	34.22%	34.01%	32.73%	30.35%	28.79%	29.01%	27.94%	26.15%	26.13%

■第一产业　■第二产业　■第三产业

图 1　海南的三次产业结构

以服务业尤其是旅游业为主要支撑的海南特色城镇化要求完善以旅游业为特色的海南城镇新体系和空间新格局。以旅游业为支撑的城镇化是一种建立在享乐和休闲基础上的城市化路径，在很多方面不同于传统的工业化过程中的城市化路径，包括：由于生产要素的不同而导致的城市空间差异，如沿海岸带延伸的狭长带状城市形态；独特的象征性符号（如阳光沙滩等）以吸引旅游者；外来人口和原居民的社会文化特征差异；就业波动大（因为旅游业具有季节性变化，以雇佣临时工为主；房地产业随需求变化波动较大；大量小型、不稳定的雇主的存在等）。因此，海南以旅游业为主要支撑的城镇空间格局、城镇风貌必须依托海南独特的热带岛屿自然本底条件，充分利用发挥多民族和地域文化特色优势，城市基础设施建设必须满足外来旅游者在住宿、饮食、交通、购物、娱乐和休闲等方面的多样化需求，甚至向高端人群提供定制化的服务。

以服务业尤其是旅游业为主要支撑的海南特色城镇化要求建设绿色低碳城镇。优美风光和良好生态是建设海南国际旅游岛的基本组成要素，如果没有一个绿色低碳的城镇是不能做到这一点的。以服务业尤其是旅游业为主要支撑的海南特色城镇化还要求进行一系列的体制机制改革，促进城镇化和旅游业的协调发展。

3. 以多民族和候鸟式迁徙人口为文化特色的城镇化

海南省是一个多民族的省份。世居的少数民族有黎族、苗族、回族，主要分布在海南岛的南半部，常称为海南民族地区或五指山地区，总面积17900平方公里（含万宁市、琼海市、屯昌县、儋州市等县的少数民族乡镇）。少数民族人口有145万人，占全省总人口的17.4%。黎族是迁居海南最早的世居民族，创造了灿烂的黎族文化，其口头文学、音乐舞蹈、服饰等具有鲜明的民族特征。

海南也是一个典型的移民社会。在海南的区域发展过程中，移民占据着重要的历史地位。持续不断的移民，使得海南不断受到中原先进文化及生产力的冲击。中原移民的入住，结束了黎族独占海南的局面，形成了"黎内汉外"的环岛式人口分布。大量移民的迁入及开发的影响，使得海南岛内的居民产生了两个方向的迁徙。一方面是黎族人向本岛中西部地区转移。在经历了"铁制农具"与"刀耕火种"的较量之后，黎族先住民不得不放弃沿海台地，沿着本岛放射状水系逆流而上，向中西部地区退却。另一方面，从福建和浙江迁往海南岛北部和东部地区的沿海居民，由于历来具有很强的海上航行技能，开始向海外移民。

多民族混居和移民首先是使海南文化具有多元性和地域性。海南的特色城镇化既要保护好海南文化，又要充分利用好海南文化所蕴含的资源优势和市场机会。少数民族文化、岭南文化、华侨文化、海洋文化等是构成海南文化的重要元素。长期以来，各种文化要素相互融合渗透，互相交流促进，在中原文化的基础上，逐渐形成了独具本土特色的海南文化形态。

多民族混居和移民其次是造成了海南经济和城镇发展的区域差异。海南的特色城镇化必须要考虑不同的区域状况，有利于缩小省内的区域差距。如果说中间高、四周低是海南的地势特征，其经济活动与生产力的分布，正与之相反，即呈现出由四周向中部递减的趋势。民族集聚地区也是海南省经济欠发达地区，面临着产业结构不合理、基础设施不健全、人才队伍不完备等制约发展的现实问题。

改革开放以来，尤其是近十年来，流动人口构成了海南人口的重要部分，为海南特色城镇化注入了新的内容。流动人口促进了城市第三产业的发展，方便了市民的生活，促进了城市的消费，拉动了城市经济的增长。此外，海南还面临着一批特殊的流动人口。随着我国经济的发展、老龄化社会的到来，海南省现已成为全国最热门的"候鸟"老人聚集地。海南发展养老产业有先天性的区位与资源优势，但如何接待这些"候鸟"老人，如何发展"候鸟"产业，让"候鸟"产业成为海南的经济支柱，仍旧是海南亟待解决的问题。作为新兴的"候鸟型"养老产业，还需进一步提升产业规模、加强服务水平、开拓网络建设，开发出一个符合海南特色的养老产业模式。

二、以旅游业为特色的海南城镇新体系和空间新格局

1. 发挥海南旅游资源优势的城镇新体系

以中国台湾岛或美国佛罗里达州（韩国济州岛、印尼巴厘岛和马尔代夫等体量太小）为标杆，构建高起点、高标准、高规格的能够充分体现和发挥海南旅游资源优势的城镇新体系。根据海南地理位置、岛屿和群岛空间环境特点、自然和人文资源条件和未来发展战略方向，按照陆海统筹和城乡一体化推进、大中小城市和小城镇协调发展、城镇人口规模合理分层以及空间布局"大分散、小集中"等原则，在近千年悠久开发历史形成的现有城镇体系基础上，提出建设一个首位城市、八大区域中心城市、众多风情建制镇、地方特色乡村的四层次城镇新体系。具体设想如下。

①一个首位城市——海口市。按未来海南省总人口达 1200 万人（常住人口）、城镇化水平达 80% 计算（下同），2030 年海口市人口将增加到占全省总人口的 40% 以上，大约 480 万人，其中中心城区人口将达 350 万人，中心城区建成面积 400 平方公里。根据海口市发展战略的基本定位，即省会城市、国际旅游岛之都、港口物流之城，未来推进省会城市城镇化的主要任务是：进一步降低国际通关条件、简化和完善通关手续，建设成为国际旅游岛的接待门户、游客集散地和旅游目的地；进一步加强国际旅游岛基础设施建设，如国际空港、国际海港（包括邮轮港）、城市旅游交通通道、热带自然园林绿化景观等，形成和培育国际旅游城市的景观和氛围；进一步加强具有国际旅游特点和价值的自然和文化景区（如城市海边自然景观、海南岛历史文化等博物馆、艺术馆、文化馆、民

俗馆等设施）；进一步强化国际旅游岛旅游配套服务设施的建设（如更多的涉外 5 星级宾馆、民俗餐饮、地方特色旅游纪念品、地方文化街区等）。

②八大区域中心城市——即三亚市、三沙市、儋州市（含洋浦开发区）、琼海市、文昌市、万宁市、东方市和五指山市，其中前两个为地级市，后六个为县级市。未来八个区域城市人口将占海南总人口的30%，大约 360 万人，其中中心城区总人口将达 300 万人，建成区总面积将达350 平方公里。八大区域中心城市未来发展定位分别为：三亚市为海南岛南部区域中心城市、国际旅游岛目的地之一（新建邮轮港）、热带滨海休闲度假胜地、温泉鹿回头苗寨地方文化旅游景区；三沙市为我国南海海域南部以及西沙群岛、中沙群岛和南沙群岛区域中心城市、国际海岛旅游基地（新建邮轮港）、珍稀海南生物及海洋科技研究基地；儋州市（含洋浦开发区）为海南岛北部区域中心城市、火山岩滨海红树林旅游景区、优势油气资源生产和储备基地；琼海市和文昌市、万宁市组成海南岛东部沿海带状城市群，功能定位为以"博鳌亚洲论坛"依托的国际旅游会展中心、温泉椰林地方文化旅游区、卫星发射基地等；东方市为海南岛西部区域中心城市、"三月三"温泉黎族苗族文化旅游区、铁矿开采和绿色化工产业园区；五指山市为海南岛中部区域中心城市、海南岛山区少数民族文化风情旅游景区、海南岛山区热带雨林风景区、海南岛红色娘子军旅游区。

③众多风情建制镇。2012 年海南共有风格各异的建制镇 183 个，其中县城 10 个。未来海南省建制镇将发展到 200 个左右，建制镇人口将占全省人口的20%，大约 240 万人，其中镇区人口 200 万人，镇区建成区面积 300 平方公里。建制镇未来城镇化发展方向包括：10 个建制镇县城最终发展成为县级城市，成为新城建设的重点地区和新旅游点的重点开

发区；一些有条件的重点建制镇和卫星镇发展成为人口规模在 1 万人左右的小城镇，成为吸引乡村剩余人口和大城市疏散人口的承接城市；一般建制镇成为新农村建设和乡村旅游的重要基地。

④地方特色建制村。2012 年海南共有建制村 4500 多个，其中乡集镇 21 个。未来海南省建制村将减少到 2000 个左右，建制村人口占全省人口的 10%，大约 120 万人，建制村建成区面积 200 平方公里。建制村未来发展应该是在压缩数量、提高规模的基础上，逐步向家庭农庄和新农村方向不断推进。从分类建设的角度看：郊区村重点发展热带蔬菜基地和旅游度假村；海边渔村和海岛村发展海产渔业和海边风情乡村旅游；山区村要保护热带雨林和发展森林民俗旅游；平原村重点发展粮食和热带经济作物，以及水乡风情旅游；丘陵台地村重点发展热带水果和橡胶作物，以及热带园林旅游；黎族村和苗族村重点开发民族文化风情旅游，大力保护黎族建筑、饮食、服装等文化要素。

2. 符合海南旅游资源分布要求的空间新格局

按照以上四层次城镇新体系的构想，结合海南岛屿带群岛的自然地理特征，采取形象的手法，提出具有喜庆色彩的海南"灯笼"型城镇空间新格局，其具体框架结构如下。

①灯笼头——海口市。其中心城区依托海口湾、南渡河口以及海口港呈东西向伸展，城区交通道路基本呈网格状态。未来中心城区发展方向：东面跨南渡河继续向东、西面沿海岸继续向西、南面也可适当沿南渡河以及向南的交通线路扩张。郊区重点发展长流、龙桥、龙塘和灵山等卫星城镇。

②灯笼身——包括三条灯笼体线：环岛东部城镇密集带，沿海南环线高速东段、海文高速以及 223 国道，将文昌、琼海、万宁、陵水直到三

亚连起来，构成灯笼东体线，形成环岛东部国际热带生态民俗文化会展旅游和航天海洋高新技术产业带；环岛西部城镇分散带，沿海南环线高速西段、225国道和海南铁路环线西线，将澄迈、临高、儋州、昌江、东方、乐东直到三亚连起来，构成灯笼西体线，形成环岛西部国际热带寒流生态黎族苗族文化风情旅游带和优势油气加工储备产业基地；岛中部山地城镇稀疏带，沿224国道，将定安、屯昌、琼中、保亭、五指山直到三亚连起来，构成灯笼中体线，形成岛中部国际热带山地雨林生态黎族苗族文化风情旅游带和优势热带经济作物生产基地。

③灯笼尾——三亚市。其中心城区依托三亚湾东岸、三亚河口和三亚港呈南北向带状开展，城区基本呈网格状。未来中心城区发展方向：西面沿三亚湾继续向西岸发展、东部跨过榆林河向东沿榆林湾发展并连接亚龙湾。形成沿三亚湾、榆林湾和亚龙湾等三湾沿海发展态势，建设多中心组团带状城市化模式。郊区在北部重点建设凤凰镇、田独镇等。

④灯笼须——须结：三沙市。中心城区永新岛，已初步形成了完整的城市格局，肩负着南海诸岛行政中心的地位，初步具备南海诸岛国际海上旅游基地的功能，未来将建设成为南海诸岛国际海岛礁砂群旅游核心城市、南海海洋科研基地和油气资源开采基地。

须溜三条：西沙群岛由宣德群岛和永乐群岛组成，海域面积50多万平方公里，共有40多个岛礁（岛屿22个、沙洲7个），未来将建成西沙海洋渔业基地和国际海上旅游基地；中沙群岛由中沙大环礁和5个小微型暗沙和岛礁组成（包括黄岩岛），共计33个岛礁，未来将建设成为深海渔业和海底探奇之地；南沙群岛由230多个岛礁组成，海域面积70万平方公里，未来将建成油气资源开采地和国际海洋探索旅游之地。

3. 体现海南旅游景观的城镇新风貌

首先，城镇建设要形成合理的空间结构。包括合理的城镇体系，如城镇乡村规模结构和城镇空间布局结构，前面已经论述合理的居民点空间建筑容积率和建筑密度结构，一般而言，从中心城区核心区、城区边缘区、近郊区、远郊区（涵盖乡村地区），建筑容积率和建筑密度结构应该依次为，高层高密度、高层低密度、低层高密度和低层低密度；合理的人口空间分布结构，以县域为例，人口分布结构应当为县城人口占50%、建制镇人口占30%、乡村人口占20%。

其次，建立发达快速高效的区际与城际交通网络。这是城镇空间"大分散、小集中"布局的客观要求。一般说来，只有当区域之间交通时间半径在半天之内的地区，才有可能形成比较合理经济的城镇体系，海南省具备这样的条件；城际之间交通时间半径在3小时之内的地区，才能形成分工合作紧密的城镇群和大体一致的城镇新风貌，海南省有条件构建东西南北中五个风格各异的城镇群体系。未来海南省交通基础设施需要继续修建的主要网络有环岛铁路东线、环岛高铁线、海口到三亚的东西丘陵公路环线、东方到琼海的东西公路铁路连接线以及多方建议中的环岛观光鲜花旅游公路和环岛海上邮轮（或游船）旅游线路。此外，还要进一步加大沿海和有关岛屿的港口建设（包括增加邮轮港，目前还有近三分之一的海岸港址资源有待开发）和必要的机场建设（目前只有3个民用机场，未来五指山、琼海、东方和南沙都需要建机场）。

第三，是既要体现海南的多民族、移民文化和热带岛屿地域特色的城镇建筑，又要体现中西结合、土洋结合、实用与美观结合的包容建筑文化风格。新风貌的总体思路应该是依托沿海港口建城、依托海岛热带旅游资源（如雨林、温泉、海滩、风景山麓等）建城、依托海南民俗文化村落建城、依托河谷平原建城等。从海南省各区域特点看：北部以海口为中心的城镇群建筑风格可以适当突出国际大都市风格、热带滨海风光以及海港特色等；南部以三亚为中心的城镇群建筑可以突出国际旅游度假建筑风格、热带海滨沙滩风景以及海岛渔村情调；东部以琼海市、文昌市和万宁市为主要城市的城镇群应以国际风情小镇为特色，有效结合当地少数民族建筑风格，打造中西建筑文化结合的示范区；西部以东方和儋州为中心的城镇群应当以地方少数民族建筑风格为主，适当建设一些现代风格的高层建筑，以配合工业园区的开发建设，增加必要的人气；中部以五指山为中心的城镇群应当突出山区少数民族建筑风格、热带雨林休闲旅游建筑和实用的低层山区农庄建筑。

三、海南绿色低碳城镇建设

海南建设国际旅游岛，根本前提之一是要有优美的生态环境和舒适的生活环境。因此，在海南推进城镇化的过程中，如何有效推进节能减排，实现绿色低碳发展，构建生态良好、环境优美的城镇体系，将是海南特色城镇化道路研究中的重要内容之一。

2012 年，海南被国家发改委确定为全国第二批低碳城市建设试点地区之一。一方面，海南在推进绿色低碳城镇化道路时，有着得天独厚的优势条件。独特的地理位置、舒适的气候条件、优美的生态环境，都为海南城镇化的绿色低碳发展奠定了良好的基础。另一方面，海南在推进城镇化的过程中，要继续保持和改善生态环境、走绿色低碳发展道路也仍然面临着严峻的挑战。

目前海南的城镇化率刚刚超过 50%，还不到全国平均水平，城镇化率仍有较大的上升空间。加上旅游岛建设必然伴随的大量旅客，城镇面临着快速扩张以有效容纳外来人口的巨大压力。更为重要的是，海南原先经济总量规模较小、经济发展水平不高、产业结构轻型化特征明显。

换言之，海南目前已经处于污染排放和能耗水平较低的状态，要继续下降面临着较大的困难。与此相反，由于海南现有的城镇化率较低，未来还将继续提高，必将带来相关污染排放和能源消耗的增加。尤其是一些倾向于重点发展化工等工业产业的城镇，要做到相关污染排放和能耗水平的不断下降则相当困难。而从全国背景来看，随着节能减排工作的力度不断加强，对海南的相应指标考核也必然是日趋严格。海南在推进城镇化过程中，如何顺应全国节能减排工作的形势，满足相关指标的考核，真正走上生态环境持续改善的绿色低碳发展之路，将是海南城镇化建设中面临的重大考验。

1. 海南在推进绿色低碳城镇化过程中取得的成绩

近年来，海南在城镇化水平不断提升的同时，各地区在绿色低碳发展方面也取得了长足的进步。"十一五"期间，海南的万元 GDP 能耗从 2005 年的 0.920 吨下降到 2010 年的 0.808 吨，下降了 12.14%，完成了国家给予海南的节能目标。同期各主要城市的能耗强度水平也有不同程度的改善，其中海口下降 13%、三亚下降 15.59%、儋州下降 17.11%、文昌下降 18.98%、琼海下降 10.12%、万宁下降 13.85%。海南之所以能在推进绿色低碳城镇化方面取得明显进展，得益于采取了一系列的相关措施。

（1）切实加强推进绿色低碳城镇化的组织和领导工作，建立健全相关的责任考核机制

海南建立了严格的节能减排目标责任评价考核制度，严格落实各地区的节能减排目标责任，把节能减排作为促进科学发展的硬任务、转变经济发展方式的硬举措、考核各地区干部的硬指标。各市、县政府主要负责人被指定为本行政区域节能减排第一责任人。各市、县政府每年要

向省政府报告节能减排目标完成进展情况，并将各地区的节能评价考核结果定期公告，接受社会监督。此外，各地区要将节能减排工作开展情况、目标任务完成情况和政策措施落实等情况及时提交给省委组织部门，作为领导班子和领导干部综合考核评价的重要内容，纳入政府绩效管理。省政府每年对各市县政府节能减排目标责任履行情况、工作开展等情况进行考核和评价，实行严格的问责制和"一票否决制"。

（2）根据各地实际情况调整优化产业结构和产业布局，构建以旅游业为龙头、现代服务业为主导的绿色低碳经济结构

海南走绿色低碳城镇化道路，要有相应的产业作支撑，关键是要形成能够充分发挥海南各地区比较优势的产业结构和产业布局。2009 年海南建设国际旅游岛获得国家层面的批准和支持，加快以旅游业为主导的现代服务业发展，成为海南产业结构优化和调整的主要任务。2009 年以来，海南接待游客人数从 2060 万人次增加至 2012 年的 3320.37 万人次，旅游业收入从 192 亿元增加至 2012 年的 379.12 亿元，以旅游业为龙头的现代服务业的迅速增长，有效推动了海南大部分地区的低碳绿色城镇化。

与此同时，2012 年海南省六次党代会提出了"科学发展，绿色崛起"的总体战略，强调要走集约、集群、园区化、高科技发展的新型工业化道路。为此，海南各地区纷纷把发展战略性新兴产业作为结构调整的主攻方向，坚持以园区为载体，以高科技为引领，以节能环保为前提，推动重大项目、骨干企业向园区集聚，积极发展油气化工、林浆纸、汽车和装备制造、特色农产品加工等产业，着力提升商业购物、康复疗养、文化娱乐等产业，加快热带度假休闲旅游业升级，促进相关服务业的中高端转型，为海南各地推进绿色低碳城镇化初步奠定了相应的产业基础。

（3）有效推进城镇化过程中重点领域和重点行业的绿色低碳发展

在海南建设国际旅游岛的过程中，旅游业的低碳发展是海南各地区

推进绿色低碳城镇化的重要内容。各地在打造旅游精品项目、建设旅游景区和特色风情小镇的过程中，无不把绿色低碳发展作为最核心的理念之一。例如"可持续的低碳低排放生态城"成为拟总投资 100 亿元的博鳌乐城国际医疗旅游先行区项目的三大定位之一。文昌、屯昌、澄迈等地区也纷纷提出了建设绿色低碳小城镇和休闲低碳旅游县的目标。此外，海南省旅游发展委员会专门组织编写了《饭店节能减排 100 条》，在全省各地的旅游饭店推行实施，指导各市县旅游饭店节能减排工作的开展，有力地推动了低碳旅游业的发展。

在其他重点领域和重点行业，海南加大对淘汰落后产能工作的支持力度，在钢铁、造纸、水泥等行业全面完成了国家下达的"十一五"淘汰任务。"十二五"期间，海南将继续淘汰钢铁、水泥、造纸行业全部落后产能以及小火电 13.8 万千瓦。此外，海南在全省各地全面启动了绿色照明示范省建设，在交通、建筑、林业、农业等领域继续推进实施节能减排重点工程，有力地带动了各地区城镇化过程中的绿色低碳发展。

2. 海南在推进绿色低碳城镇化过程中存在的困难和面临的挑战

虽然海南省在推进低碳绿色城镇化方面已经采取了一系列有力的措施，取得了初步的成效。但由于海南各地区目前经济发展程度相对较低，全省的人均 GDP 尚不到全国平均水平，海南仍处在城镇化、工业化快速推进的阶段，因此在继续加强各地区的节能减排、推进绿色低碳城镇化方面仍存在不少困难和挑战。

事实上，在"十二五"时期的头两年，海南省万元 GDP 能耗不降反升，2012 年比 2010 年上升了 1.67%。如图 2 所示，尽管海南的万元 GDP 能耗水平与全国其他省份相比，仍处在相对较低的水平，但就变动幅度来看，2011 年海南上升了 5.23%，仅次于青海和新疆，位居全国的倒数第三位。海南省如果要完成国务院下达的"十二五"节能指标（即万元GDP能耗下降10%），意味着2013～2015年间能耗强度年均降低率必须达到4.16%，这对于海南来说是非常艰巨的任务，对于各地区推进绿色低碳城镇化而言也是极大的挑战。

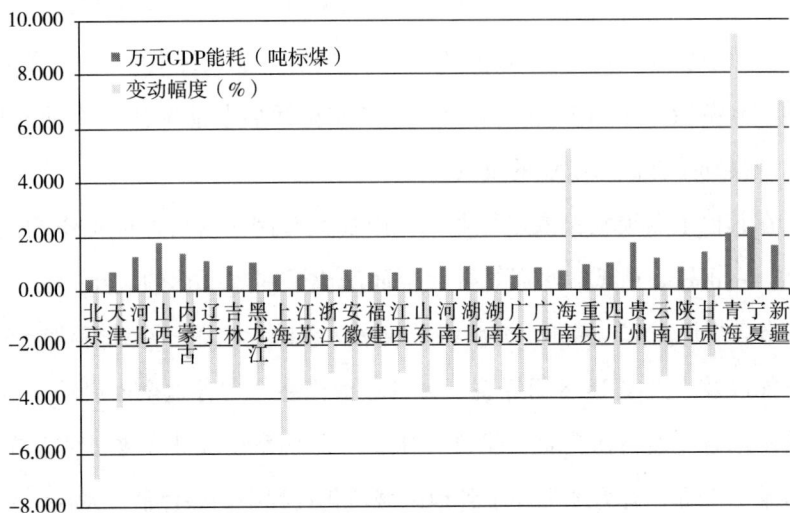

图2　全国各省的能耗强度指标（2011年）

数据来源：《中国统计年鉴2012》。

（1）推进绿色低碳城镇化的长效机制尚未有效建立，推进绿色低碳城镇化的各种能力较为欠缺

从目前来看，海南在推动绿色低碳城镇化方面更多的是依赖政府的行政推动，希望能够通过各种行政手段的方法（例如各种约束性指标考核等）来直接或者间接地对社会的各个参与主体施加影响，达到约束各级政府的行为、推进绿色低碳城镇化的目的。然而，这种层层分解、层层考核的行政手段，尽管从目前来看也是不可或缺的，然而其科学性、合理性和长期有效性都很难得到保障，在具体实施过程中常常演变成一种各级政府之间讨价还价的博弈过程，充满了各种各样的不确定性。

　　此外，海南在绿色低碳城镇化方面的统计监测体系还相对薄弱。要推进各个地区的绿色低碳城镇化发展，首先需要弄清各地排放了多少二氧化碳等温室气体，这就需要各个地区编制详细的温室气体排放清单，从而能够有效指导各地的绿色低碳发展，然而目前各县市在这方面的能力还较为欠缺，此项工作尚未完全展开。与此同时，对于如何定义、测算和考核各地的绿色低碳城镇化，仍然缺乏较为科学合理的系统性方法，也给海南各地区的绿色低碳发展，造成了不少现实操作中的困难。

　　当前海南的经济和技术水平仍相对落后，科技创新能力较为有限，制约了各地在推进绿色低碳城镇化重点领域的努力。总体来看，海南要切实提高走绿色低碳城镇化道路的各方面能力，构建起有利于各地区绿色低碳发展的大环境，仍面临不少障碍。

　　（2）经济总量小，各地尤其是工业比重较大的地区推进节能减排的空间受到严重的限制

　　海南省的经济总量小，相应的能源消费总量也小，2011 年海南省的电力消费量为 185 亿度，在全国各省级单位中仅高于西藏自治区，即使是全国电力消费量排名倒数第三的青海省，也有 561 亿度，是海南的三倍；更不用说其他省份，海南的能源消费总量往往只是其他省份的零头。在这样的情况下，任何一个体量较大的项目在海南落地，都足以导致海南尤其是各县市的能源消费状况发生明显的变化。

表 1　　　　　　　海南省各地区单位 GDP 能耗（2009 年）

单位 GDP 能耗	指标值（吨标准煤/万元）	上升或下降（±%）
全　省	0.850	-2.81
海口市	0.753	-3.31
三亚市	0.780	-2.63
五指山市	0.638	-1.95
文昌市	0.490	-4.89

续表

单位 GDP 能耗	指标值（吨标准煤/万元）	上升或下降（±%）
琼海市	0.384	−3.86
万宁市	0.786	−3.20
定安县	0.743	−2.22
屯昌县	0.613	−6.63
澄迈县	0.814	−13.08
临高县	0.704	−5.50
儋州市	0.638	−2.63
东方市	3.720	3.22
乐东县	0.467	−1.21
琼中县	0.494	−1.55
保亭县	0.419	−0.83
陵水县	0.396	−2.27
白沙县	0.498	−2.31
昌江县	1.811	21.46
洋浦	1.600	−4.71

资料来源：海南省统计局、海南省发展和改革委员会、海南省工业和信息化厅。

海南各个地区的能源消耗情况也存在着很大的差异，如表1所示，在各县市中，东方市的单位 GDP 能耗远远超出其他地区，而昌江和洋浦两地的能耗强度也明显偏高；在能耗强度的变化方面，昌江的表现也与其他地区存在着巨大的差异。之所以产生上述情况，是与海南在构建国际旅游岛过程中的产业布局密不可分的，正是由于实施集约化、集群化、园区化的产业发展战略，所以一些高耗能的项目就集中在某一个或几个地区，从而造成了这些地区能耗变动的异常状况。因此，要使这些地区像海南其他县市一样，每年都保持一个较为稳定的能耗强度水平的下降，是非常困难的。

3. 加快国际旅游岛建设、推进海南绿色低碳城镇化道路的具体建议

（1）对于海南省的建议：大力推进产业优化，抓好旅游业、工业、交通、建筑、农业等行业的绿色低碳发展

根据绿色低碳城镇化的国际经验和海南各地区的实际情况，可以从"规划管理"、"能源结构"、"旅游"、"工业"、"建筑"、"交通"、"农业、林业和土地利用"等方面来进一步推动海南的绿色低碳城镇化发展。

在旅游业领域制定具体详细的节能减排目标和措施。加快完善行业低碳准入标准，实施低碳认证制度。加强对旅游景区低碳经营的监管与引导，打造低碳旅游景点景区。在工业领域开展企业温室气体排放管理标准执行情况、工业设备能效标准执行情况、节源审计和能效对标执行情况和重点耗能企业用能情况等报告制度，开展能效之星和能源管理体系的试点和示范。在交通领域有效提升公交出行分担率和加强大容量公共交通和轨道交通建设，逐步提高上市新车燃油经济性和温室气体排放标准，采取城市小汽车出行控制、公共交通和非机动车出行激励和新能源汽车、清洁、小排量机动车鼓励政策。鼓励城市步行和非机动车慢性体系建设。在建筑领域制定住宅节能建筑标准、公共建筑单位能耗水平、住宅人均能耗水平等各项目标，推广实施建筑节能标准，扩大绿色建筑市场份额，开展建筑节能合同能源管理和绿色建筑的试点和示范。在农林土地利用领域逐步提高城市垃圾填埋气回收率、秸秆回收和沼气利用率，开展农业温室气体减排行动示范项目。

（2）对于中央的建议：结合国际旅游岛建设，采取有针对性的分类指导政策，加大相关的政策扶持和优惠，将海南建设成为全国绿色低碳城镇化的示范区

针对海南推进绿色低碳城镇化的情况，国家需要出台相应的政策，以更好符合海南发展的实际需要，切实地推动国际旅游岛的建设。

在目前的节能减排考核上，尽管国家已经根据各地的不同情况，在能耗强度指标的考核上对海南等省进行了一些倾斜，然而国家的相关考核指标会越来越全面，既有能耗强度、又有碳强度，未来还将纳入能源消费总量等。如前所述，由于海南的经济总量和能源消费总量较小，总量指标的完成对于海南而言是较为困难的，因此需要国家在出台相关的考核制度时，应继续采取有针对性的分类指导政策，并加大对于海南的政策扶持和优惠，切实提高海南走绿色低碳城镇化道路的各方面能力，在将海南建设成为国际旅游岛的同时，也使其成为全国绿色低碳城镇化发展的示范区。

四、完善体制机制，加快建设海南特色城镇化

①科学编制规划。按照省委省政府的统一部署加快编制《海南省新型城镇化发展战略规划》等相关规划，把全省作为一个统一布署的城市进行规划，同时对现有的各类规划进行协调、对接、修编、完善，实现规划对全省空间全覆盖、产业全囊括、设施全配套的指导作用。

②推进土地管理制度改革。积极探索农村土地流转、土地整治的新模式，稳妥开展低丘缓坡利用，优先解决乡村旅游和基础设施建设用地。

结合农垦体制改革，将农垦社会管理和公共服务职能纳入地方统筹管理，打破城市、农村、农垦三元分治的格局，推动农垦场部与小城镇协调发展，提高农垦场部土地利用的集约程度，实施建设用地在不同城市间的流转，为海南城镇化建设提供充足的建设用地。

③实施城乡一体化的基本公共服务和社会保障。按照全省一盘棋的思想，逐步扩大基本养老保险、基本医疗保险、最低生活保障三项制度的城乡覆盖面，实现社会保障城乡全覆盖，实现教育、医疗、卫生在全岛的互动和互享，逐步实现基本公共服务均等化。在基本公共服务和社会保障均等化的基础上快速推进户籍制度改革，建立适应城镇化快速发展的户籍管理制度，引导农村人口向城镇集聚。吸引各类省外人才参与海南省建设。

④进一步完善责任考核体系，构建有利于各地推进绿色低碳城镇化的政策环境。海南各地区在推进绿色低碳城镇化方面存在着明显的差异，有必要采取区别对待、分类指导的原则，不能在相关的责任考核体系上搞一刀切，而是应该根据各地的实际情况，因地制宜地推进海南各地区不同的绿色低碳城镇化发展模式。对于各地区绿色低碳城镇化和相关节能减排的考核，要区分"以旅游业等现代服务业发展为主导的城市"和"以油气化工等工业发展为主导的城市"，前者可以在能源消费总量和能耗强度等指标上并重，后者则更应强调能耗强度的考核。从更长远来看，海南推进绿色低碳城镇化，应更注重发挥市场的作用和法律法规等手段，构建有利于各个地区和各类参与主体自觉行动推动绿色低碳发展的大环境。

专题五 | 海南省国际化人力资源发展战略研究

海南国际旅游岛建设已上升为国家战略，这对海南人才事业来说，既是机遇，又是挑战。机遇，是指国际旅游岛建设需要更多的人才，人才的地位和作用将得到进一步的提升；挑战，是指海南的人才工作必须跟上形势发展要求，培养造就一支具有强大支撑力的人才队伍，为国际旅游岛建设提供各类高层次人才和专业技术人才的保障。

由于基础薄弱、发展时间较短以及其他多种原因，目前海南人才队伍在整体规模、素质能力、结构分布、体制机制和发展环境等方面还存在诸多问题，成为海南建设国际旅游岛的重要瓶颈。今后必须牢固树立人才强省、人才兴岛的发展理念，充分认识到人才队伍建设关乎国际旅游岛前途命运的极端重要性，以体制机制改革和政策创新为动力，建立健全既与国际接轨又适合海南国际旅游岛建设的人才培养和开发机制，加大人才政策吸引力，优化人才发展环境，争取使海南人才队伍在数量、质量和结构、布局上与国际旅游岛建设相适应，助推海南的跨越式发展。

一、国际旅游岛建设的国际经验要求海南重视人才建设

国际旅游岛是旅游国际化程度高、生态环境优美、文化魅力独特、社会文明祥和的世界一流海岛型国际旅游目的地。在全世界 5 万个以上的岛屿中，岛屿特征与海南岛相似又具有较高知名度的国际对标岛屿，主要有

韩国的济州岛、印度尼西亚的巴厘岛、美国的夏威夷岛等，美国的佛罗里达州也具有一定的相似性。这些地区重视人才建设，以此助推旅游业发展。

1. 发展高等教育

通过发展高等教育储备人力资源、加强与高等院校之间的交流与合作是国际旅游岛建设的基本做法。济州岛和夏威夷岛的做法见表1。

表1   代表性岛屿发展高等教育

代表性岛屿	主要做法	取得的成效
济州岛	①依靠国家层面支持"外国语教育城市"建设的有关政策，积极吸引世界性高等学府和研究中心；②大力实施教育开放政策，逐渐放开教育主办权	加强了人才保障，支撑了旅游业及相关产业的发展
夏威夷岛	依托夏威夷大学丰富的教育资源，开展旅游教育培训、旅游研究和咨询服务	充分发挥大学人才资源聚集优势，为提升夏威夷的旅游发展水平奠定了良好基础

2. 注重发挥旅游人才的作用

旅游人才是国际旅游岛建设的核心资源。巴厘岛、济州岛、夏威夷岛重点围绕旅游规划、酒店管理、宣传营销等方面发挥旅游人才的作用，主要做法见表2。

表2   代表性岛屿发挥旅游人才的作用

代表性岛屿	主要做法	取得的成效
巴厘岛	①重点引进具有先进理念和国际视野的规划管理人才，对旅游进行科学管理、深度策划；②派遣行政管理人才学习欧洲、新加坡的先进管理理念；③大量引进高层次的酒店经营管理人才管理本岛酒店业，有90家星级以上酒店引进了国际知名酒店管理集团进行经营管理	既提升了政府旅游部门管理人员的业务素质，也掌握了国际旅游业管理经验，更快捷地获取了国际旅游市场信息，实现了巴厘岛自由、高效模式的升级

续表

代表性岛屿	主要做法	取得的成效
济州岛	借助济州岛的影视拍摄基地，将韩国影视与济州旅游有机结合，每年聘请韩国影星作为旅游形象大使宣传济州岛，并拨出专款定期邀请世界各地媒体到济州岛采访	扩大了济州岛的知名度和美誉度，影视、影星成为济州岛特有的文化产品
夏威夷岛	邀请来自世界各地的网络博客写手免费旅游，要求每个写手以第一人称撰写一篇具有丰富信息量和幽默感的博文，客观地描述在旅行中的所见所闻所感	充分发挥了网络博客写手的作用，使众多游客感受到夏威夷岛独特的文化魅力

3. 提升旅游从业人员的素质

通过开展各种有针对性的培训，提升当地居民和旅游从业人员素质，是增强服务能力、强化服务意识的重要手段。济州岛、巴厘岛、夏威夷岛、佛罗里达州都十分重视旅游人才队伍素质建设，主要做法见表3。

表3　　　　　　　代表性岛屿提升旅游从业人员的素质

代表性岛屿	主要做法	取得的成效
济州岛	加大居民教育培训力度，鼓励国内外教育机构投资建设教育基地，允许各种外语培训学校落户，帮助提高岛内居民外语水平，以更好地服务于世界各国的旅游者	夯实了岛内居民发展旅游业的基础，强化了当地从业者的服务意识
巴厘岛	重视对从业人员的教育培训，在礼仪交际、文化传承、个人素养等方面进行有针对性的训练；加大对民间手工艺人的技能培训，鼓励民间工艺品和旅游文化纪念品的大胆创新	有效提升了旅游服务质量，对当地传统文化的保护与传承起到了较好作用
夏威夷岛	长期秉持"居民参与、直接受益"原则，成立夏威夷原住民接待业协会，当地政府也给予政策优惠	原住民从旅游业中获得大量就业机会，也使得当地社区和旅游业之间建立了良好的关系
佛罗里达州	着重发展两年制社区大学网，就地培养中等知识人才和一般从业人员	满足旅游、食品等相关行业的人才需求

二、海南国际旅游岛建设的人才分类需求

海南正处于建设人才强省的关键阶段。到 2020 年，海南要初步建成世界一流的海岛休闲度假旅游胜地，人才需求总量超过 200 万人，需求层次也呈现多元化的特征。主要表现在：以旅游为重点的现代服务业人才需要适度超前发展；谙熟国际规则、具有国际视野的人才需要超常规发展；经济实用技能型人才应该均衡合理发展。

1. 旅游业人力资源需求

旅游业人力资源涵盖从行政管理人才到一线旅游从业者的所有群体，涉及 4 个层次。《海南省旅游人才发展状况调研报告》预测：到 2020 年，海南省旅游人才队伍总量至少达到 47.7 万人。其中，旅游经营管理人才达到 8.11 万人，专业技术人才达到 7.63 万人，服务技能人才达到 31.92 万人。

①经营管理人才。这类人才分布在饭店、旅行社、景区等行业，是海南旅游发展的中坚力量。经营管理人才是海南国际旅游岛建设最紧缺的一类人才，饭店、旅行社、景区等行业的需求预计每年将以 5% 的比例增加，主要依靠高层次人才外部引进方式解决。

②专业技术人才。这类人才分布在饭店、旅行社、景区等行业，是海南旅游创新突破的重要支撑。具体来说，旅游商品业需要具有策划、开发特色旅游产品能力的专业人才，也包括当地的手工艺人；旅行社需要熟悉市场的外联经理、有独立操作能力的部门业务经理，国际旅行社需要熟悉日、韩、俄以及欧洲度假市场业务的经理；旅游餐饮业需要具

备专业技术职称和接受专业培训的烹饪技能、营养调配人才；旅游景区需要一大批景点规划、项目策划和市场推广人才，特别是随着海南旅游新业态的出现，各类海洋观光、深海潜水、邮轮游艇、旅游保健等新业态旅游技术人才将成为海南国际旅游岛建设人才需求的新方向。

③服务技能人才。这类人才分布在旅游行业各个领域，处于一线位置、直接面向游客，是海南旅游的重要窗口。

2. 现代服务业人力资源需求

未来 10 年，海南需要构建以国际休闲旅游业为主体，健康医疗、教育培训、会展服务为支撑，现代物流、文化创意、信息服务外包、金融服务为新经济增长点的现代服务业体系。从广义上讲，拥有一批具有国际视野的现代服务业人才队伍也是当前海南国际化人力资源发展的最大需求，主要包括高端商务会展、国际健康医疗、旅游教育培训、软件和服务外包、特色文化创意、现代物流六大领域。据初步预测，到 2020 年，海南省现代服务业人才队伍总量可能突破 150 万人，具有国际化水平的高层次人才队伍将达到 50 万人。

①高端商务会展人才。信息化时代的商务会展追求专业化、品牌化、多元化。在博鳌亚洲论坛、国际旅游商品博览会、中国（海南）国际热带农产品交易会等知名国际会展品牌的基础上，今后还要对商务会展进行业务功能细分，体现人才需求的专业性。重点在会议接待、展览展示、商务考察、同声传译、形象设计等方面加大各类人才储备。

②国际健康医疗人才。以扩大医疗服务市场开放为前提，在国际性综合医院、高精尖专科医院、突发急救中心、康复中心等医疗服务机构中加大各类专业技术人才储备。

③旅游教育培训人才。以创建海南国际旅游职业学院和海南省旅游

研究院为契机，通过引进国际优质旅游教育培训资源，重点发展与旅游相关的教育培训项目。重点是储备一批研究与教学人才，以及培养一线服务技能型人才的"双师型"中高等旅游职业学校教师。

④软件和服务外包人才。以推进海南生态软件园建设为载体，通过承接境内外的服务外包项目，培育一批具有国际竞争力的软件企业。

⑤特色文化创意人才。以推进海南国际创意港和三亚创意产业园为载体，重点在现代传媒、文化传承、专业演艺等方面加大人才储备。

⑥现代物流人才。以服务海岛农业和南海开放为依托，以信息化促进传统物流企业的转型，重点引进一批掌握信息化操作的专业技术人员。

三、海南省人才储备总体情况与需求缺口

1. 海南省人才队伍的整体发展状况

截至 2010 年底，海南省人才总量达到 82.88 万人，占总人口的比重为 9.56%，略高于全国平均水平；主要劳动年龄人口接受高等教育的比率为 11.35%，高等教育毛入学率为 24.5%，每十万人口接受高等教育人数为 7768 人。高技能人才数占技能人才总数的 7.69%，从事科技活动人员约 5 万人，从事研发（R&D）人员 7194 人，每万名劳动力中研发（R&D）人员 7 人，每百万人口中科学家与工程师 394 人。

（1）人才类型的基本情况

海南从党政管理人才到农村实用人才呈现递增趋势，技能人才和农村实用人才是现有存量的主体，所占比重超过 60%，具体如表 4 所示。

表 4	人才类型的基本情况	
人才类型	现有存量（万人）	所占比重（%）
党政管理人才	5.49	6.63
企业经营管理人才	9.27	11.19
专业技术人才	19.37	23.38
技能人才	24.33	29.36
其中：高技能人才	1.87	2.26
农村实用人才	25.68	30.98
社会工作人才	1.18	1.43

（2）三大产业的人才分布

海南三大产业的人才分布与结构占比不匹配，尤其是第二产业的人才存量占比仅为9.02%，这与第二产业占GDP比重28.2%严重不匹配。第一产业人才存量比较丰裕，但主要是农村实用人才。第三产业人才存量保持与产业结构同步，但仍需大量的现代服务业人才。具体如表5所示。

表 5	三大产业结构与人才分布情况		
产业类型	结构比重（%）	现有人才存量（万人）	所占比重（%）
第一产业	24.9	39.24	47.35
第二产业	28.2	7.48	9.02
第三产业	46.9	36.16	43.63

（3）高层次人才的主要类别

截至2010年底，海南省共有高层次人才15137人，根据现行的职称体系和类别划分，各类高层次人才的分布情况如表6所示。

表 6	重点领域的人才分布情况		
高层次人才类别	数量（人）	高层次人才类别	数量（人）
正、副高职称	11794	国家有突出贡献的中青年专家	20
国家社会科学基金重大项目首席专家	1	全国杰出专业技术人才	3

续表

高层次人才类别	数量（人）	高层次人才类别	数量（人）
国家"千人计划"人选	3	新世纪百千万人才工程国家级人选	14
国家"863 计划"领域专家组组长	2	国家"863 计划"领域专题组组长	6
国家"973 计划"项目首席科学家	2	国家科技重大专项总体组技术总师	4
国家科技支撑计划项目课题负责人	15	"百千万知识产权人才工程"人才	5
国家级教学名师	4	全国优秀科技特派员	7
享受国务院政府特殊津贴人员	417	入选"海南省高层次创新创业人才"	3
海南省优秀专家	524	"515 人才工程"第一、二层次人选	150

2. 海南省旅游人才队伍现状

截至 2010 年底，海南省旅游人才总量达到 26.64 万人，占全社会从业人员总量的 6.06%，占全省人才总量的 32.14%，位居所有产业需求的首位。旅游业成为吸纳劳动力和各类技术服务人才的重要产业。

（1）人才类型的基本情况

海南行政管理人才相对较少，服务技能人才存量多。与经营管理人才相比，专业技术人才显得尤为缺乏，这类人才是衔接经营管理类与服务技能类人才的重要桥梁。具体如表 7 所示。

表 7　　　　　　　　　　人才类型的基本情况

人才类型	现有存量（万人）	所占比重（%）
行政管理人才	0.02	0.08
经营管理人才	4.53	17.00
专业技术人才	2.83	10.62
服务技能人才	19.26	72.30

（2）旅游人才的行业分布

住宿业吸纳旅游人才最多，达12.42万人，占旅游人才总量的47%；餐饮业吸纳4.6万人，占17%；户外运动与休闲、旅游购物商店、旅行社、旅游景区吸纳人才各约占旅游人才总量的6%；其他行业吸纳旅游人才比率均小于6%。具体如表8所示。

表8　　　　　　　　旅游企业及人才数量分布情况

企业类型	旅游行政单位	星级饭店	非星级饭店	景区（点）	旅行社
数量（家）	20	237	557	72	301
人才数量（万人）	0.02	6.24	5.46	1.62	1.70

企业类型	餐饮企业	旅游车船	户外运动与休闲	室内休闲娱乐场所	会展
数量（家）	314	161	66	178	77
人才数量（万人）	4.6	1.0	1.76	1.06	0.2

企业类型	旅游购物商店（点、柜台）	旅游纪念品生产厂商	家庭旅馆	旅游咨询单位	旅游教育机构
数量（家）	768	18	1025	58	24
人才数量（万人）	1.7	0.17	0.72	0.28	0.11

（3）旅游人才的梯队建设

梯队建设是衡量旅游人才队伍总体状况的重要因素。表9显示了海南旅游人才学历层次、年龄结构、性别结构、技术水平等方面的情况。

表9　　　　　　　旅游人才梯队建设情况（单位：万人；%）

学历层次	大学本科及以上		大专		高中/中专		初中及以下	
	1.62	6.08%	3.39	12.73%	9.04	33.93%	12.59	47.26%
年龄结构	50岁以上		35至50岁				35岁以下	
	0.55	2%	5.3		20%		20.74	78%
技术水平	高级		中级				初级	
	0.156	0.59%	1.485		5.57%		24.999	93.84%

续表

性别结构	男性		女性	
	11.09	41.62%	15.55	58.38%
人才流动	流入		流出	
60%	8.3	31%	7.6	29%

3. 海南省人才需求的缺口分析

与 2020 年人才预测需求相比，海南省还有 100 万人左右的总量缺口。旅游业人才需求缺口超过 20 万人，专业技术和服务技能人才尤为缺乏，平均缺口接近 60%。伴随着各类新兴业态的发展，现代服务业人才需求缺口将增大，主要体现在高端商务会展、国际健康医疗、旅游教育培训、信息服务外包等领域。据初步调查，海南省目前以高尔夫、游艇、邮轮业为代表的新业态从业人员总量不到 1 万人。由于海南省旅游人才存量的基数低，人才流动比率过高，使得人才需求缺口存在动态调整甚至增大的可能性。

四、近年来海南省在人才培养、人才引进等方面
开展的主要工作、成效和不足之处

近年来，海南省围绕国际旅游岛建设需要，开展人才需求调查，发布高层次人才需求目录，加大高层次人才的引进力度，加强人才资源的教育培训工作，取得了一定的成效。但由于基础薄弱、发展时间较短以及其他各种原因，目前海南高层次人才队伍在整体规模、素质能力、结构分布、体制机制和发展环境等方面还存在诸多问题，成为海南建设国

际旅游岛的重要瓶颈。

1. 近年来海南省引进人才的主要举措及其初步成效

(1) 着眼政策突破，加大高层次人才的引进力度

海南省先后出台了《海南省中长期人才发展规划纲要（2010～2020年)》、《海南省专业技术人才队伍建设中长期规划（2011～2020年)》《海南省吸引高层次专业技术人才暂行办法》、《海南省人才奖励办法》等多项政策，探索采用刚性调入、柔性流动、项目引才等多种方式，为高层次人才到海南创新创业开辟"绿色通道"。海南省规定可采取先上岗再补办手续；在满编时实施过渡编制先调入、待单位自然减员时再冲销；专业技术职务岗位满聘的，可申请追加专项指标等办法，破除人才引进的机制障碍。

为解决海南省各类园区引才难、留才难的问题，围绕海南省产业发展和社会发展重点领域的人才需求情况，海南省出台了《海南省引进高层次创新创业人才办法（试行)》，并陆续草拟了《海南省高层次人才认定办法》、《海南省引进科技创新团队实施办法》、《海南省引进海外高层次人才实施办法》等一系列政策，重点在引才奖励、扶持创新团队、资助高层次人才以及强化人才服务保障等方面给予优惠政策。海南省为引进人才提供了以下方面的支持：一是建立高层次人才跟踪服务机制，开通人才服务保障绿色通道，在全省范围内营造尊重海外高层次人才的良好氛围；二是大力实施安心工程。健全服务机制，在安家费、科研经费、配偶就业和落户、子女入学、住房等方面提供"一篮子"优厚条件及待遇，为海外高层次人才提供全方位的服务保障；三是通过政务中心服务窗口便捷办理外籍专业人士及管理团队到海南工作的相关手续。

（2）加速人才流动，促进区域人才协调发展

海南省实施了百名专家服务基层活动。以国家实施"万名专家服务基层活动"为契机，海南省启动专家服务基层行动计划，精心选拔112名专家组成11个专家服务团，在海口、文昌等11个市县，重点对热带作物种植、海洋渔业养殖等29个项目开展对口服务。

（3）建立人才需求信息定期发布制度，多渠道引进人才

海南省主要通过公开招聘和专家引才的方式引进人才。每年两次在国内外媒体集中发布《海南省高层次人才需求目录》，涉及信息技术、卫生医疗、制药工程、生态农业等20多个专业领域，媒体包括网络和杂志等媒介，如中国教育科研网、千人计划网及《神州学人》杂志等。海南还利用参加国内外各种招聘会议的机会，吸引高层次人才到海南创新创业。

（4）海南省高层次人才引进工作取得了初步成效

近年来，海南省把吸引海外高层次人才和创新团队作为优化人才结构和提升人才水平的重要途径，建立并逐步完善人才引进机制与培养机制，引进了一批海南省经济社会发展重大战略、重点领域、重点学科和重大科技创新工程急需的高层次创新创业人才。2011和2012年海南共引进各类高层次人才859人，其中，高级职称320人，硕士359人，博士180人。截至2013年5月底，海南省有国家杰出专业技术人才2名，"百千万人才工程"国家级人选14人，"特贴"专家435名，"省优"专家559名，"515人才工程"人选650名。

2. 海南省积极开展专业技术人才培训

海南省积极开展专业技术人才梯队建设，组织实施专业技术人才知识更新"653工程"，提升中青年专家的素质能力。海南省人社厅牵头积

极开展专项继续教育活动，培训中高级专业技术人才：一是举办示范性高级研修班；二是组织相关专业技术人员集中培训；三是选派专业技术骨干赴外地考察、培训；四是开展公需科目培训。截至 2010 年 6 月，海南省共培训中高级专业技术人才 13084 人，其中农业 3767 人，水务 3820 人，林业 1771 人，信息技术和网络安全 1108 人，电力行业 1282 人，现代管理 1336 人。

海南省旅游委扎实推进旅游行业全员培训工作，举办旅游饭店中高层管理人员岗位职务培训班，培训了 180 多名旅游饭店的中高层管理人才；加强对导游人员的技能培训，共培训导游员 45000 人次，参培率达到 95%；分批举办了乡村旅游、海洋旅游、高尔夫旅游等新业态旅游服务技能培训班，共培训 800 多人。

3. 海南省人才队伍存在的主要问题

从总体上看，海南省人才发展的总体水平在全国排名靠后，人才队伍的规模偏小，整体创新能力不强，结构不够合理，对国际旅游岛建设的持续支撑严重不足。主要表现在以下几方面。

（1）高层次人才总体规模偏小，专业技术人才总量不足

海南省高层次人才规模落后于国内其他省市区，远远满足不了海南经济社会发展的迫切需求。从总量来看，截至 2010 年底，海南省人才总量为 82.88 万，与海南省人才发展规划提出的"全省人才总量到 2015 年达到 132 万，到 2020 年达到 185 万"的要求相比仍有较大的差距。截至 2008 年底，我国科学家与工程师人数为 343 万人，平均到全国各省市区为 11 万余人，而海南仅不足 1 万人，不到全国平均水平的 1/11。2010 年，海南省旅游从业人员中具有高级技能水平的仅有 1560 人，中级技能水平 14850 人，详见表 10。

表10　　　　　　　　　海南省旅游人才技能水平情况

项目	技能水平		
	高级	中级	初级
人数（人）	1560	14850	249990
占比（%）	0.59	5.57	93.84

海南省旅游行业服务技能人才学历层次普遍较低。根据海南省抽样调查结果，全省旅游饭店服务技能人才中，初中及以下文化程度者占42.9%。旅游景区初中以下文化程度占37.2%，大专及以上学历的人数分别占26.0%。餐饮企业学历层次最低，75.2%的员工为初中及以下学历。总体而言，海南多数行业旅游基层从业人员的基本素质尚不及全国平均水平，距离国际旅游岛旅游业发展的战略要求差距很大。海南旅行社人才中旅游、外语类专业人才比重相对较高，分别达到16.9%和8.7%，两者共占25.6%，但远低于全国平均水平（旅游类与外语类占总量的50%以上）。海南旅游景区人才中所学专业为非旅游类的人才则高达93.1%。每年海南省培养的大部分旅游类毕业生选择了其他行业就业。

由上述分析可见，在实现海南省绿色崛起，加快国际旅游岛建设的全新战略背景下，高层次人才总量缺乏的问题十分突出。高层次人才队伍总量严重不足的问题已成为当前和未来一定时期制约海南省经济社会发展的重大瓶颈。今后必须切实加大高层次人才队伍建设力度，快速扩充海南省高层次人才队伍总体规模，构筑人才高地。

（2）人才分布不均，结构不够合理

海南省高层次人才队伍在行业结构、地区结构等方面存在不同程度的不合理问题，并在一定程度上成为现有高层次人才队伍效能发挥的结构性制约。

首先，行业结构不尽合理。主要表现为事业单位、专业技术型高层次人才数量较多，所占比重较高，并主要集中于高等院校和医疗行业；

企业经营管理型高层次人才数量较少，比重较低，高层次创新创业型人才尤为缺乏。海南省专业技术型高层次人才的内部结构也不合理，在全省139760名专业技术人才中，教学科研人员88361人，占专业技术型高层次人才总数的63.26%；卫生技术人员27681人，占19.82%；工程技术人员仅有7458人，占5.34%；农业技术人员3347人，仅占2.40%。高层次人才集中分布于教育（高等教育）、卫生、海洋等重点专业领域，其他专业领域，尤其是海南省需要重点发展的旅游、现代服务业、高新技术产业、现代农业等方面的人才则很少。此外，高层次领军人才匮乏的现象较为严重。

其次，地区结构不合理。海南省高层次人才集中分布在海口、三亚等党政机关与海南省直事业单位等区域性中心城市和海南东部经济较发达地区，海南中西部地区（儋州除外）数量较少。一些市县的专业技术人才主要分布在教育、卫生系统，其他专业技术人才匮乏，加之干部培训和外出学习机会少，知识更新慢，业务能力亟待提高。

海南省旅游人才地区分布和海南各地旅游业发展的状况基本吻合，人才地域分布与旅游业地区发展不平衡的情况基本一致。海南省旅游人才分布总体上呈现典型的"线型"地域空间分布特征，90%以上的旅游人才分布在从海口至三亚东线高速公路沿线各市县，中部、西部的广大区域旅游人才所占比例不足10%。这种分布状况是海南省内旅游业发展极不平衡所造成的结果，同时，也进一步加剧了海南省内各地区旅游业发展的不平衡态势。2013年，琼中县旅游相关人才仅34名，其中，本科2名，大专11名，中专及高中以下21名。

（3）海南本地干部队伍的思想还不够解放

有些海南本地干部对新形势下工作的机遇和挑战认识不清，本位主义严重；有些本地干部在工作方式上仍习惯于过去的"大包大揽"，对服务意识认识模糊。有的心态不够端正，部分所学专业不能对口，工作不安心，创新意识不够。

4. 海南省在吸引和培养人才方面存在的主要困难和瓶颈

海南国际旅游岛承担着全国旅游改革创新试验的重任，要通过创新发展旅游新业态，增强旅游竞争力，实现旅游的国际化，为国内外游客提供具有国际一流标准的旅游产品和旅游服务。在旅游业各项要素之中，人才是第一要素。总体上看，海南省人才数量少，国际旅游岛建设重点发展领域的人才少，特别是中高层次人才稀缺。海南省吸引和培养人才方面存在的主要困难和瓶颈有以下几方面。

（1）人才工作体制机制滞后，对海内外高层次人才缺乏吸引力

建省初期，海南省曾经对当时僵化的人才体制机制进行了大胆的改革创新，并率先在全国实施为省外辞去公职的科技人才重新建档的政策，率先制定引进人才的优惠政策等，使海南成为"十万人才"的首选之地。但是，近年来，随着经济全球化进程加快和我国改革开放的全面推进，在日趋激烈的国内外人才竞争面前，海南省在人才政策创新和体制机制改革方面的力度不足，海南省的人才工作体制机制越来越显得滞后。主要表现在以下几方面。

一是引进人才的渠道不够宽，机制不够活，人才选拔评价机制比较单一。

二是人才工作管理体制条块分割的状况没有根本改观，海南省出台的政策措施缺乏统筹规划和有效协同。

三是高层次人才引进政策落实不好，执行不力，一些高层次人才的支持政策、科研条件、待遇承诺等不能及时兑现甚至未能兑现。

四是对人才的激励力度不够，引进高层次人才的政策优惠力度还有

待加强。从 2006 年 12 月起，海南省全面实行阳光工资制度，杜绝了阳光工资以外的津贴、补贴发放。目前，相对于海南的高房价、高物价，海南公务员、企事业单位工资收入低的问题比较突出。基层人才工作、学习、生活环境差、条件艰苦。高层次人才享受到的支持政策少，工资福利待遇也偏低。

五是在人才引进方面，或多或少受到单位编制、户籍、人事档案、社会保障、职务、职称、进人指标等因素的制约。近年来，海南省放宽了引进人才的户口迁移政策，获得省部级以上荣誉称号者、获得省部级以上科研成果的主要完成者、有突出贡献的中青年专家、中高级专业技术职称人员、处级以上管理人员、博（硕）士学位获得者到海南省工作，可自愿决定户口迁移。体制内人才到海南工作的主要制约因素是编制、收入水平、发展空间等，体制外人才受户籍、社会保障、住房等因素的制约，不能畅通流动渠道。由于民营企业引进的人才难以享受当地户籍政策待遇，其子女不能上公办学校，只能将其子女送回老家读书，带来诸多不便；这也导致一些想到海南发展的创业型人才，因不能迁入户口而放弃了到海南发展的计划。此外，在户籍方面海南还面对人才选择性落户问题。目前海南各经济开发区、园区配套设施建设相对滞后，基础教育、卫生医疗等公共服务较为薄弱，难以满足高层次人才的现实需要。

六是在人才培育开发方面，人才开发经费投入机制还不健全。

总体上看，与广东、江苏和其他东部沿海省市相比，海南省的人才政策、制度不具优势，对海内外高层次人才缺乏吸引力，影响了海内外人才到海南创新创业的积极性，一些对发展环境不满意、不甘平庸的海南本地人才甚至选择离开海南到其他省市创新创业。

（2）创新创业载体建设滞后，"以事业引才，靠事业留人"的难度仍然较大

在高层次人才引进过程中，海南良好的生活环境成为吸引高层次人才的第一要素，但是，更有利于高层次人才发挥作用的创业机会、薪酬待遇以及工作、学术氛围等要素的吸引力并不明显。高层次人才更加关注自己在海南的发展空间以及良好的发展机遇，其次才是工资待遇或住房问题。海南企业、高校、科研院所数量较少，吸引高层次人才的平台和载体少，研发水平相对较低，加上高新区发展的层次较低，产业基础相对薄弱，产学研一体化的创新创业载体建设滞后，"以事业引才，靠事业留人"的难度仍然较大。

（3）旅游业人才引进和人才培养力度不够，旅游企业中高层管理人才引进和留住困难

海南省旅游业人才引进和人才培养的力度远远不够，旅游企业中高层管理人才引进和留住困难，对建设国际旅游岛的目标形成了制约。主要表现在以下几个方面。

一是旅游教育和培训尚未在全行业受到普遍重视，产、学联动的整体功能发挥不足，多方共同促进旅游人才培养的合作体系尚未形成。海南省的大多数旅游企业因种种原因很少开展人才培训。海南有旅游大、中专院校（包括开设旅游专业的学校）21 所，但这些院校远未发挥出在培养地方旅游人才、提升人才素质中的作用。

二是旅游人才开发不全面，开发程度不高。各旅游企业的中高层管理人才、行政管理人才、导游、领队等属于旅行服务中、后期实施者范畴，他们最直接面客。不直接面客的从事旅游项目及产品策划、设计、实施、销售的人员未得到应有的重视，海南这些类别的旅游专业人才非常紧缺。近年来，海南各市县旅游管理部门开发旅游人才资源的资金投

入严重不足，导致整个行业人才继续教育缺乏基础和动力，旅游人才资源开发程度不高。此外，受体制机制等因素制约，海南现有旅游人才利用率不高，其作用没有得到充分发挥。

三是旅游企业中高层管理人才引进和留住困难。具体表现在：第一，海南旅游人才引进的外部环境和机制缺乏，旅游人才激励机制不健全，人才成长、自我实现和利益吸引等大环境尚未形成；第二，旅游人才所关注的"民生"问题未得到充分重视与解决，一些高级旅游人才到海南就业，子女不能就读于好的学校，老人就医也没有好的条件，这些因素制约了人才的流入；第三，高房价制约高级人才的稳定性。房子成为在海南定居发展的沉重负担与关键性制约因素；第四，个人发展空间有限。海南省的旅游企业国际化程度较低，除饭店业外，其他旅游企业大多"小、弱、差"，一些中高层管理人才认为海南省内提供的发展空间有限。

五、加强海南国际旅游岛人力资源建设的对策措施

建议海南省充分发挥经济特区先行先试的政策优势，以体制机制改革和政策创新为动力，建立健全既与国际接轨又适合海南国际旅游岛建设的人才培养和开发机制，争取使海南人才队伍在数量、质量和结构、布局上与国际旅游岛建设相适应，助推海南的跨越式发展。

1. 拓宽人才引进渠道，进一步加强引才工作

建议海南省充分借鉴北京中关村、上海浦东、江苏无锡、武汉东湖以及深圳等地的经验，进一步加强引才工作，可以采取的措施有：

一是对引才对象进行细分，针对旅游业等具体的行业推出吸引海内

外高层次人才的计划，分门别类、更有针对性地实施人才计划和人才工程，增强引进海内外高层次人才和经营管理人才、专业技术人才的实效。

二是总结国内外引进创新科研团队和领军人才、吸引风险投资、孵化企业的经验，制定实施《海南省创新创业团队专项支持计划》，设立专项支持资金，遴选、引进和支持一批对海南省产业发展有重大影响、能带来重大经济效益和社会效益的创新和科研团队、科技领军人才。大力开展"以才引才"，通过引进一个领军人才，再吸引若干顶尖专业人才，聚集一批高层次人才，形成团队创新创业的新局面。

三是建立重大科技成果转化和产业项目资金统筹机制，实施重点项目人才配套工程，积极引进和聚集一批旅游业、现代服务业、战略性新兴产业领域的急需紧缺人才。

四是打破国界、地域、户籍、身份、职称、档案、人事关系等人才流动中的刚性制约，建立灵活的高层次人才和经营管理人才、专业技术人才引进机制，拓宽人才引进渠道，千方百计地使人才、智力和技术为海南所用。在不改变人才与原单位关系的前提下，可采取智力引进、合作研究、业余兼职、人才租赁等柔性方式，加强对海内外高层次人才和经营管理人才、专业技术人才的柔性引进，帮助解决海南企业面对的管理和技术难题，提升海南企业家和技术人才的综合素质和国际视野。

五是进一步制订完善鼓励和引导企业加快海内外高层次人才、专业技术人才引进和使用的政策体系，加大对企业在人才引进、使用和激励过程中的扶持力度，让企业得到实惠，真正成为引才、用才的主体。

2. 加大人才政策吸引力，优化人才发展环境

北京、上海、天津、广州、杭州、武汉、成都、南京、深圳、无锡、苏州、厦门、青岛等城市不断完善引进高层次人才的政策措施，帮助解

决创业初期资助、天使投资、住房、医疗、子女入学、配偶安置等高层次人才最为关心的问题，对高层次人才、团队创业及项目进展提供全方位、全过程服务，优化了高层次人才创新创业的环境。

在高层次人才引进过程中，海南优越的自然环境成为吸引高层次人才的第一要素，但是，更有利于高层次人才发挥作用的创业机会、薪酬待遇以及工作、学术氛围等要素的吸引力并不明显，这不利于海南引进高层次人才。海南省应积极探索人才发展服务体制机制改革，加大人才政策吸引力，进一步提高人才服务水平，优化人才发展环境，留住人才，用好人才。

（1）优化人才发展环境

优越的人才环境对于有效吸引、培养和使用高层次人才具有至关重要的作用，海南省委、省政府必须下大力气优化人才发展环境。建议重视下述一些方面的工作。

一是着力营造爱才用才惜才的社会氛围，推出更加开放、灵活的人才政策，尊重人才，包容人才，支持各类人才在海南创新创业。

二是继续加强创新平台和产业园区、孵化器等载体建设，推动重点高校在海南设立国家及省部科研基地的分支机构、研究院、研究中心，形成科技创新基地和科技成果转化基地，深化产学研合作，提高海南当地的研发水平，增强海南各市县的产业发展基础，为各类人才施展才华营造良好的用武之地，实现"以事业引才，靠事业留人"。鼓励和支持海南当地企业以多种形式建立研发机构和重点实验室、工程技术中心、行业技术开发中心，发挥其在吸纳和培养高层次人才方面的作用。

三是建立健全以政府奖励为导向、用人单位和社会力量奖励为主体的人才奖励体系，对那些业务精、作风好、贡献大的优秀人才，给予表彰奖励，形成示范效应。

四是着力构建人才投入保障机制。人才投入保障机制是优化人才环境、留住高层次人才的关键所在。要着力构建各级财政对人才工作的财力保障体系，建议海南省财政每年制度化常态化安排人才开发专项资金，主要用于中高层次人才和紧缺人才的引进、培养、管理及奖励。

五是落实高级工、技师、高级技师与相应专业技术人员享受同等福利待遇的政策，鼓励企业对高技能人才发放岗位津贴和奖励，健全技能人才成长的激励机制。

（2）深化体制机制改革

加快政府职能转变，解放思想，转变作风，改革人才管理方式，变"管理人才"为"服务人才"。海内外高层次人才，企业的高级经营管理人员与科研团队核心成员，其引进、居留与出入境的行政审批工作，由海南省人力社保部门、公安部门按照"特事快办"的方式，尽可能简化审批程序，提供便捷高效的服务。要积极开展人才评价方面的政策创新，继续推动体制改革。有些国外回来的企业家没有档案，很难按照党管人才的办法来管理海外高层次人才。建议海南省积极推动高层次人才档案管理办法的改革，简化相关程序，加强对海外高层次人才的个性化服务。建立对高层次人才、团队创业及项目进展提供全方位、全过程服务的工作机制，及时反馈高层次人才（团队）在创新创业过程中遇到的问题，协调相关部门加以解决。

（3）完善生活保障措施

努力提高海南各类人才的工作、生活保障水平，完善事业单位岗位绩效工资制度，加大对农业、非公经济组织和社会组织人才的社会保障覆盖面。对到农村基层和少数民族与贫困地区工作的人才，在待遇方面实行倾斜政策，改善生活和工作条件。

深化户籍制度改革，加强人才服务工作，认真协调解决高层次人才和经营管理人才、专业技术人才在落户、亲属随迁、住房、子女入学、医疗和家属就业等方面存在的困难和问题，给予政策倾斜，解决高层次人才和经营管理人才、专业技术人才的后顾之忧，提高各类人才的生活环境满意度和福利满意度。对于已调入海南省且聘期在五年以上的高层次人才和经营管理人才、专业技术人才，其户籍在海南省的子女接受基础教育和报考普通高校时，享有本省户籍居民的同等待遇。海南企事业单位（包括民营企业）引进的各类人才，用人单位要提供生活保障，积极帮助解决落户、亲属随迁、住房、子女入学等问题，若单位自行解决有困难的，可提请政府有关部门协助解决。

（4）放宽股权激励政策

放宽股权激励政策，鼓励海内外高层次人才、高新技术人才在海南以专利、标准等知识产权和研发技能、管理经验等人力资本作价出资办企业。对职务科技成果以股份或出资比例等股权形式给予科技人员个人奖励，暂不征收个人所得税。探索推动科技成果处置方面的国有产权制度改革，建立股权激励和分红激励机制，使创新、创业、创富实现有机统一。

3. 大力发展人力资源服务业，提高引才效率

建议海南省大力发展人力资源服务业，积极引进国内外知名的人力资源服务机构，探索运用市场机制选人才，充分发挥天使投资、风险投资等投资管理机构和各类人才服务组织、国际知名人才中介机构的作用，拓宽引才渠道，提高引才效率，提升人力资源服务能力。

（1）放宽市场准入限制

鼓励发展非公人力资源服务机构，吸引国内外知名人力资源服务企业落户海南省。允许已落户中国大陆地区的合资企业在海南省独资经营。

对有一定实力、社会信誉好的人力资源服务企业申请在海南省设立分支机构的，可放宽总公司成立年限要求。鼓励发展猎头、人力资源服务外包、薪酬管理、人力资源管理咨询等新兴业态和产品，引导创业风险投资机构和信用担保机构予以扶持。推动海南省内人才市场和外省、国外人才市场的对接。

积极申请成为国家教育培训对外开放的试点省份，加大教育培训对外开放力度，吸引国际知名院校到海南合作办学或独资设立国际学校、研究院，吸引国内外培训机构到海南建立培训基地，为海南培养技能型和应用型人才，全面提高旅游、会展、软件和服务外包等产业从业人员的技能水平和服务水平，同时也逐步培育和发展教育培训这一新兴的服务业态。海南省人社厅可下放高级工以上职业技能人才的培训和考核权限，实行鉴定工作属地管理，以提高工作效率，更好地培养高层次技能人才。

（2）加大对人力资源服务企业的支持力度

加强产业体系建设，推动海南人力资源服务机构提高专业化水平和产品创新能力，提供更多差异化、特色化、精细化服务。支持人力资源服务机构利用资本市场进行直接融资，多渠道筹措发展资金。

（3）设立产业引导资金，加大资金扶持力度

设立产业引导资金，用于人力资源服务业标准研究制订，人力资源服务企业的扶持和奖励，人力资源服务业重大活动的举办。人力资源服务机构为海南省引进的人才，两年内入选国家"千人计划"、国家高层次人才特殊支持计划，给予引才机构适当奖励。为海南省企业引进海内外高端人才的，给予引才机构一定的佣金补贴。积极开展人力资源服务推介活动，促进人力资源服务供求对接。

（4）完善人才公共服务制度，增强服务功能

完善人才公共服务制度，以覆盖海南省的人力资源市场网络为基础，利用先进的信息网络技术构建服务平台，向社会提供公开招聘、流动调配、就业保障、公共培训、选拔推荐和人力资源管理服务，加快建立社会化的人才档案公共管理服务系统。建立人才公共信息发布制度，围绕重点产业发展，加强人才需求预测，发布重点领域急需紧缺高层次人才目录。

4. 构建旅游人才开发体系，吸引和培养旅游人才

①建议海南省政府每年从年度财政预算中安排专项资金，用于旅游人才培训和人才引进工作。开办各种形式的培训班或研修班，重点是服务技能型人才的岗前培训、在岗培训、职业资格认定，通过有计划、有目的、多层次、多渠道的培训，加强旅游人才服务意识的培养和教育，提高旅游人才的敬业精神和职业道德，全面提高旅游企业现有专业人才的素养与服务水平。同时，要建立和完善旅游职业资格和职称制度，健全职业技能鉴定体系；开展各种技能比赛，通过多种形式加强旅游人才在岗培训。

②加大海南省、市县各级政府及旅游用人单位的旅游人才开发投入，各级各类旅游用人单位要根据国家规定，按不低于工资总额1.5%的比例安排旅游人才开发经费；各市县财政应投入一定经费用于高层次和紧缺旅游人才的培训、引进工作。强化市场融资功能，鼓励和支持海南省内外各类社会机构以不同形式参与旅游人才开发。

③近年来，海南省已经编制了《海南省旅游人才发展中长期规划（2011～2020）》，制定了《关于引进培养旅游高端人才工作办法》、《海南省高层旅游服务人才库建设方案》、《海南省旅游人才奖励方案》等人

才培养政策，改善了旅游人才的发展环境。建议海南省进一步强化人社部门和旅游行业行政主管部门在旅游人才管理方面的责任，加强政策的落实工作，使上述规划和办法、方案真正发挥作用。同时，可推出一些支持旅游业人才发展的切实可行的办法，提高旅游业人才的工资福利，让一流人才得到一流薪酬，吸引旅游业管理、营销、导游、服务等方面的人才到海南工作，改变海南旅游业人才"稳不住，散得快"的现象。

④加快国际化旅游人才队伍建设。坚持"引进"和"培养"有机结合，引进一批适应旅游新业态发展的国际专业人才，同时整合资源、创新方式，加快培养旅游新业态的管理型人才和技能型旅游人才。有计划地选派旅游行政管理人才到旅游发达国家培训、学习、参观，重点培养旅游行政管理人才的跨文化沟通、国际规则、国际营销、跨文化管理能力，扩大旅游行政管理人才的视野。

⑤针对市场发展需要，积极引导和支持旅游院校根据海南国际旅游岛建设需求，开设旅游企业发展急需而又紧缺的新专业和新学科，加强旅游企业项目策划、旅游电子商务、旅游营销策划、旅游景区规划和旅游企业中层经营管理人才以及德语、韩语、俄语等小语种导游等专业人才的培养。进一步调动旅游院校培养专业人才的积极性，逐步在旅游院校毕业生中推行双证或多证制，获得相应职业资格证书和专业技能等级证书，提高学生就业竞争能力和工作适应能力。大力支持中、高等旅游职业学校和职业高中发展，为海南旅游业培养一线实用型人才。

5. 真抓实干，强化人才政策执行力

第一，海南省委、省政府要充分调动各方面的积极性，解放思想，积极创新，明确责任，明确阶段性目标和完成时限，贯彻实施好各项重大人才政策和重大人才工程，营造真正有效的人才管理服务体系。第二，

海南省各级人才工作领导（协调）机构和牵头部门是抓好重大政策制定和重大人才工程实施的组织者、推动者，要建立完善执行机制，进一步增强责任感和使命感，全力以赴抓好人才政策宣传落实、人才引进、人才培训等方面的工作。第三，广大人才工作者是抓好执行的主力军，要强化政治意识和大局观念，提高推进人才强省、人才强岛战略执行能力，增强为高层次人才和经营管理人才、专业技术人才服务的能力。

专题六 适应国际旅游岛发展要求建设新型高效服务型政府

在改革开放的新时期，国家确立了建设海南国际旅游岛的战略，并赋予了海南更高层次的战略定位——"世界一流的海岛休闲度假旅游目的地和海南百姓的幸福家园"。为落实这一战略定位，海南要全面深入落实十八届三中全会《中共中央关于全面深化改革的若干重大问题的决定》，充分发挥市场在资源配置中的决定性作用，转变政府职能，在重点领域和关键环节进一步推动政府管理创新，更好发挥政府的作用，形成有利于国际旅游岛建设的体制机制，为加快海南国际旅游岛的建设创造更为良好的制度环境。

本专题重点围绕海南国际旅游岛建设对政府职能转变的新要求，结合国家新时期政府管理体制改革的政策导向，在深入总结海南既有改革成效的基础上，提出海南政府职能转变的战略思路和必要的政策措施。

一、政府职能转变对加快国际旅游岛建设的必要性和重要意义

1. 政府职能转变是加快国际旅游岛建设的保障条件

根据国家《关于推进海南国际旅游岛建设发展的若干意见》和《海南国际旅游岛建设发展规划纲要（2010～2020）》，海南国际旅游岛的建设要在 2020 年实现"我国旅游业改革创新的试验区"、"世界一流的海岛

休闲度假旅游目的地"、"全国生态文明建设示范区"、"国际经济合作和文化交流的重要平台"、"南海资源开发和服务基地"和"国家热带现代农业基地"六大战略定位，要实现"强岛富民，普惠民生"的重要发展目标。在这些战略定位和发展目标的实现过程中，海南将面临诸多新的任务和挑战，如需要实现以旅游产业为核心的现代产业体系的转型升级，需要建设惠及全体人民的高质量公共服务体系，需要按照国际旅游岛建设的新要求全面提升城市的服务功能等。这些任务的实现无一不与政府职能的转变密切相关，既需要政府作为地方经济发展的组织者，发挥统筹规划、全面协调和统一领导的作用；又需要政府作为资源要素配置的调控者、市场竞争的规范者。只有建立高效的行政管理和监督机制，规范市场竞争环境、构建有利于优质经济要素聚集的发展环境，才有可能实现这一系列的目标。

2. 政府职能转变是解决海南国际旅游岛建设过程中一些特定问题的必然要求

正如上文所述，国际旅游岛的建设涉及经济、社会、文化、生态环境等诸多领域。在此过程中，由于土地利用模式、人口管理模式和产业发展模式的改变等，一方面会面临着一些海南特有的旧体制的约束，如农垦制度、行政组织架构、不同层级政府的职责配置等，另一方面也会出现一些新的可以预料和难以预料的矛盾和问题，土地征用过程中的利益纠纷日益凸显，区域差距有可能扩大，跨区域的生态环境补偿要求会更加强烈，大规模、高流动性人口的社会管理和服务将成为常态性的繁重任务，社会治安等问题也会凸显。这些问题和矛盾如果不能得到及时有效的协调和解决，将可能阻碍国际旅游岛的建设。因此，需要积极推进政府职能的转变，建设新型高效服务型政府，为国际旅游岛的建设消

除体制机制障碍。

3. 政府职能转变的相关改革探索对全国的改革发展具有重要的示范意义

国际旅游岛的建设，不仅是海南经济社会全面发展的问题，也是我国新时期实施区域协调发展总体战略的重要举措。在其建设过程中，海南通过政府职能的转变，在基本公共服务体系、社会管理体制、行业监管体制、服务型政府的建设等方面开展的一系列先行先试和改革探索，不仅是加快海南国际旅游岛自身建设所必需的，也对我国其他地区加快政府职能转变，创新发展模式，建设依法行政、廉洁高效的新型服务型政府，具有重要的示范意义。

二、海南政府职能转变的成效及存在的主要问题

1. 海南政府职能转变的成效

自 1988 年海南建省设立经济特区，直至 2009 年启动国际旅游岛的建设以来，海南立足省情，大胆探索，勇于创新，在改革开放的诸多领域推行了大量的改革举措，为今后加快国际旅游岛建设奠定了良好基础。

（1）在行政区划方面率先实行了省直管县（市）的管理体制

海南省是我国最早实行"省直管县"体制的地区，并且是唯一在全省范围内全面实施省直管县（市）管理体制的地区。省直管县的内容包括：县一级领导班子由省委直接考核、任命和管理；市县财政与省级财政直接对接，对市县的财政转移支付、专项支付、专项补贴都由省财政直接发放，不经过中间环节；中央、国务院的方针政策由省委、省政府

直接指导市县实施落实；所有市、县委书记都是省委委员或候补委员，直接参与省委的重大决策。经过多年的实践，"省直管县"体制在降低行政成本，提高行政管理效率，实施全省经济社会发展统一规划，统筹城乡、区域协调发展，激发县域经济发展活力等方面都发挥了积极的作用。

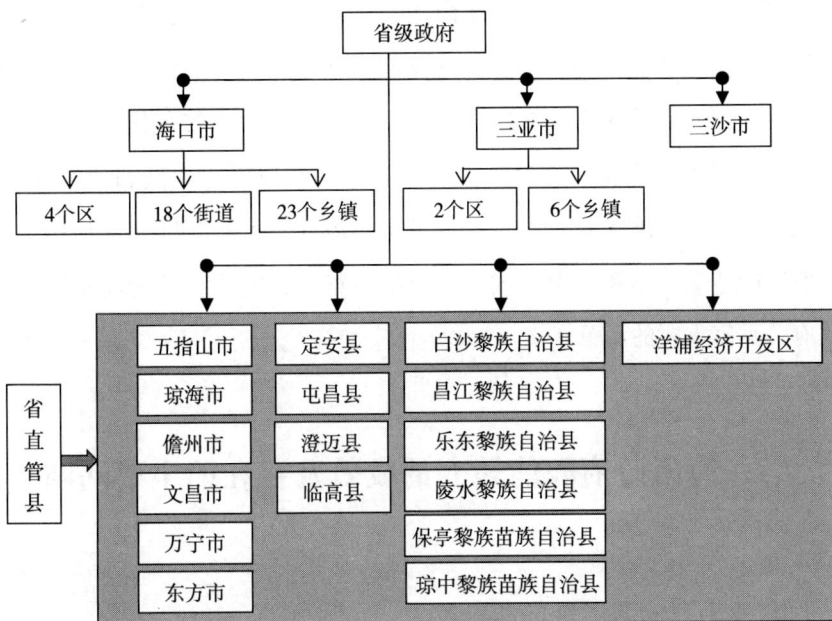

图1 海南省行政区划图

（2）在行政组织架构方面率先实现了"大部门制"改革

早在1988年，海南省就率先启动了"大部门制"改革，成为全国省一级机构全面改革的试点地区。在行政组织架构的优化方面进行了多项探索。将职能相近的机构有机组合，省级政府仅设置了26个职能部门，省直机构一共为48个，比原来行政区的机构减少了36个，率先推行"大文化"、"大人力资源"、"大交通"、"大国土环境资源"的机构改革。同时，取消了地区一级行政机构设置。在大部门制改革的过程中，也高度重视政府职能的转变，将政府职能中心放在创造良好的发展环境上，

精简审批事项，充分发挥"大社会"的自我管理功能和市场机制的调节功能。如海南是全国第一个实行公司直接登记制的地区，取消了水电局、水产局、轻工局、机械局等 11 个经济主管局，物资总公司、纺织工业总公司、燃化工业总公司等 8 个行政性公司转为经济实体。这一系列改革为海南经济社会发展注入了活力和动力，也为全国机构改革提供了宝贵经验。

（3）在行政审批制度改革方面也取得了显著成效

海南自建省以来，进行了多次行政审批制度改革。2008 年，又在既有改革基础上，进一步分两批向市县下放了 197 项行政管理事项，再开全国体制改革之先河，受到全国广泛关注。在推进市县依法行政，理顺省与市县的关系，提高行政管理效率，降低行政成本等方面成效显著。如：临高县围填海项目权限下放前，由省海洋与渔业厅受理报省政府审批，要经过征求各方及市县意见等程序，一般要三四个月才能拿到批准文件。权限下放后，由县里审批，只要七八个工作日就可办结。再如一些原本由省直部门行使的工商管理、人事劳动、公安行政等事权交由市县行使后，行政效率明显提高，对投资环境的改善、民生的保障都起到了显著的促进作用。

2. 海南政府职能转变面临的新挑战

海南通过调整行政组织架构、理顺政府间关系，以及行政管理体制等方面的改革，政府职能转变取得明显进展。但是从加快国际旅游岛建设的要求来看，海南的政府职能仍然存在着一些越位、缺位或者与国际旅游岛建设不相适应的问题，需要进一步深化改革。

（1）政府的统筹协调能力需要加强

由于省内各个地区自然条件、产业发展基础、区位条件等存在显著差异，如何发挥政府的协调管理作用，实现全岛要素资源配置的最优化，避免无序开发、低水平重复建设、破坏生态环境等现象的发生，在整个国际旅游岛的建设过程中更为重要。这事关海南国际旅游岛的建设能否成功实现预期发展目标。因此，在建设过程中，需要进一步加强不同层级政府的统筹协调能力，尤其是省级政府的统筹能力，要在大量行政管理权限下放的同时，重点加强政府在区域规划、基础设施建设、产业布局、公共服务，以及省内财政收支统筹等方面的统筹协调能力建设，确保全岛的开发建设能够按照全岛一盘棋的统一思路，以城乡一体化、区域一体化的发展模式推进。

（2）市场监管仍需要进一步加强

根据《海南国际旅游岛建设发展规划纲要》，国际旅游岛建设发展的基本思路是，通过打造具有海南特色、达到国际先进水平的旅游产业体系，形成以旅游业为龙头、现代服务业为主导的特色经济结构，以此促进全省的经济社会发展。并要按照国际标准将海南建成世界一流的海岛休闲度假旅游目的地和国际经济合作和文化交流的重要平台。

首先，实现这一目标，所需要的基础条件之一就是要形成良好的市场竞争环境和投资环境，尤其要加强对旅游产品、旅游服务设施、经营管理和服务水平的监管。

其次，随着旅游业的发展，与旅游业相关的一些产业，如旅客离岛免税购物中心的零售业、特色餐饮业、养生医疗服务业、会展业等也将加快发展。这些行业不同于一般的生产制造业，其提供的产品和服务与消费者的身心健康、生命安全直接相关，需要政府按照行业特性，严格事前的准入资格审查、营运过程中的抽查监管，和事后顾客投诉的快速响应，建立更加严格、有效、及时的市场规制体系，确保市场监管职能的有效履行。

此外，良好的生态环境是海南国际旅游岛建设和发展的基础条件和核心优势资源。在加速发展的过程中，政府应着眼长远，实施更高、更严格的生态环境监管标准，促进环境资源优势更好地服务于国际旅游岛的建设。只有这样，才有利于提高海南作为国际旅游岛的核心竞争力，保持其经济社会的稳定健康可持续发展。

（3）政府提供公共服务的能力和水平需进一步提高

2011年，海南所辖18个市县中（不包括三沙市，也不包括统计在儋州市的洋浦开发区），只有三亚、儋州和海口的人均GDP水平超过了全国平均水平，人均GDP最低的琼中县仅相当于全国平均水平的30%左右。省内发展水平的差距导致各地区之间的人均财政收入也存在着显著差距。2011年，海南省内人均财政收入最高的地区是最低地区的10.7倍，各地人均财政支出（包括基金支出）最高的三亚市是最低的临高县的3.6倍。由此造成了省内各地区之间政府提供公共服务的能力和水平的巨大差距。如义务教育生均拨款水平最高市县相当于最低市县的近5倍，教育技术装备生均投入高的市县是低的市县的17倍多。优质高中教育资源基本集中在海口、文昌、琼海等5个市县，全省16所省一级高中学校就有7所集中在海府地区①。

区域之间基本公共服务供给能力差距过大，以及相对较低的质量水平，不仅会影响到本地区人力资本质量的提升和发展环境的改善，也会直接影响到本地区对各层次人才、各种资源要素的吸引力，进而制约海南旅游及相关产业竞争力的提升，难以适应国际旅游岛建设的新需求。

此外，海南作为国际旅游岛，不仅要为当地常住人口服务，还要为大规模、高流动性的旅游人口服务。根据相关国际经验，特定区域大量

---

① 资料来源：海南省财政厅提供。

流动人口的增加，易出现诸如传染病、毒品、有组织犯罪等社会问题。因此，政府需要适应国际旅游岛的区域人口特征，在确保常住人口基本公共服务的水平和质量有效满足的前提下，还要建立灵活、及时和有效的预警应急机制，包括提高防御和应对自然灾害的能力。这些都需要海南在政府公共服务的供给机制、管理机制等方面进一步探索创新，为国际旅游岛的建设创造良好条件。

（4）行政管理效率需要进一步提高

尽管海南在行政管理体制改革方面进行了大量的改革探索，但在现行管理体制的运行中仍存在着一些矛盾和问题，需要进一步深化改革。如：现行省直管县体制下，权限过于集中在省直部门，市县一级政府在经济社会发展和公共服务的供给上又承担了主要责任，权责不统一，不仅不利于发挥地方的积极性和主动性，也影响了省级政府政策的执行力度。再如行政审批权限的下放，与机构编制、监督机制等配套改革不同步，各县市的财力、发展水平等不同，有些地市受执法能力、行政能力的限制又难以承接下放的权力。同时，伴随着海南国际旅游岛的建设，流动人口规模的扩大，征地拆迁、社会治安、环境监管等都对政府职能提出了更高的要求。如何按照国际旅游岛建设的要求在不同层级政府之间划分政府职能，也需要海南进一步探索创新。

三、国际旅游岛建设中政府作用的相关国际经验

在全球金融危机背景下，旅游业收入的强劲增长让各国政府开始重新审视旅游业对于地方经济的重要性以及政府在其中所能发挥的作用。根据联合国世界旅游组织的数据（UNWTO，2012），2012年国际游客数

量首次达到 10 亿人次，他们每天的消费达到 30 亿美元，或者说是每分钟
200 万美元。国际旅游收入相当于全世界 GDP 的 5%，每 12 个工作机会
中就有 1 个工作岗位与旅游业有关，旅游业已经成为全世界规模最大、
增长最快的经济部门之一。本部分首先从国家层次上考察美国、意大利
和日本政府是如何促进旅游业发展的，之后重点考察几个国际著名旅游
岛发展过程中政府的作用，最后归纳出对海南省政府在国际旅游岛建设
中如何恰当发挥作用的启示。

1. 若干国家促进旅游业发展的经验

（1）美国：中央政府—地方政府—行业协会的联动模式

美国旅游业管理机构分为非政府旅游管理机构与政府旅游管理机构
两类，以及国家、州及地方政府等层次。在联邦政府层面，国家旅游办
公室的主要使命是促进美国旅游业的发展，制定相关法规，通过向全球
旅行者宣传美国的旅游服务来改善美国的就业环境。在州及州以下层面，
美国地方政府旅游管理机构的主要职责包括实施机场、码头、道路等基
础设施建设，从事旅游信息发布、旅游市场促销等方面的活动，研究管
辖地区的娱乐、旅游资源、历史、公路和名胜古迹，并积极参与旅游产
品、文化遗产、乡村的开发与环境保护工作。美国非政府旅游管理机构
主要指美国旅游行业协会，它是一个非营利机构，主要负责美国旅游行
业各个部门的统一组织，通过他们的服务，将政府、贸易与市民协会、
个体性质的旅游供应者的利益集中在一起。

美国政府尤其是地方政府的旅游管理机构在纠正旅游市场失灵和引
导旅游市场自由发展方面起着重要的作用，制定了一系列的旅游安全管
理法规与市场运作机制。美国政府旅游管理机构采用的是分权管理模式，
不直接从事或干预旅游企业的经营，而主要是通过旅游行业协会对旅游

产业进行间接管理，从而有利于企业间的信息交流和横向联合，以行业协会的灵活协调能力处理好政府与市场之间的关系。

（2）意大利都灵：政府以协调为主线进行推广和发展

作为 2006 年世界冬季奥林匹克运动会的主办地，意大利都灵市被视为欧洲政府都市旅游管理组织的最佳实践都市。都灵市在旅游业的成功得益于"系统旅游组织模式"的开发和运用。都灵市政府从 2003 年开始制定全方位的旅游发展规划和战略，都灵市旅游观光局负责全面设计、制定、开发和管理都灵的整体旅游项目，提出了都灵 2003～2006 年的旅游发展总体规划、四大规划目标、七大规划管理原则以及两大规划重点。

都灵政府旅游观光局将其自身管理功能定位为以协调为主线的推广和发展。一是协助旅游企业开发产品。都灵旅游观光局建立了各类都市旅游产品俱乐部，整合都市的所有旅游资源，将其整合起来开发有竞争力的都市旅游产品。二是开发多元化旅游线路。都灵旅游观光局开发了大量的特色多元化都市旅游线路，其中包括文化旅游、购物旅游、节庆活动旅游、团队旅游、工业旅游、家庭旅游、老年旅游、饮食旅游、学生旅游等。三是加大都市旅游产品质量的监督力度。都灵市政府旅游观光局设定了针对餐饮住宿设施的都灵旅游质量卡，对都灵市内餐饮住宿设施进行质量监控和调查评估，并在旅游委员会的网站上定期公布质量排行表。

（3）日本：政府主导型模式

如前所述的美国和欧洲等先发国家的模式，政府主要解决旅游市场的外部性问题；而作为后发国家的日本，则更多地以立法、产业政策、基础设施建设等手段来干预旅游业的成长和演进。

首先，依法开发旅游资源。以 1963 年正式实施《观光基本法》为标志，日本旅游业进入新发展阶段。《观光基本法》首次提出把旅游业作为一个新兴产业来扶持发展，并明确了中央政府、地方政府、民间团体在旅游业发展中的义务和权利。

其次，制定旅游规划政策。在产业政策方面，典型的一个例子是1987年日本运输省制定实施的《海外旅游倍增计划》。在区域政策方面，为了打造具有国际旅游竞争力的区域，日本政府提出了《旅游广域地区联合构想》，10年间共批准设立了15个国际旅游区。

第三，加强旅游基础设施建设。日本政府还加大公共资金投入，加强旅游基础设施建设尤其是交通建设，使得全国旅游交通网四通八达。1992年4月，日本政府在财政预算中专门设立"观光事业振兴助成交付金"款项，用于旅游基础设施建设的专用发展资金。

第四，开展国际旅游合作。无论是中央还是地方层面，日本政府都积极通过国际合作拓展旅游业的市场边界。如2011年7月，为了吸引来自经济高速增长的中国的观光旅客，由关西为主2府5县组成的日本"关西广域联合"各知事一行前往北京，面向中国进行旅游推介。

2. 若干国际著名旅游岛发展中政府所发挥作用的经验

目前国际已经有不少开发比较成功的国际旅游岛，比如夏威夷群岛、马尔代夫、韩国的济州岛、印尼的巴厘岛等。在这些成功的国际旅游岛的建设过程中，政府都发挥了十分重要的作用。整体来看，在建设过程中，政府主要职能是确定海岛的功能定位、制定投融资和税收政策、管理资源环境、公共基础设施建设；而具体旅游岛的开发建设大多采取市场机制运行，以设施环境改善带动旅游业的开发，以旅游业的发展带动其他各业的发展。

（1）马尔代夫：注重发展规划、加强软硬件设施、重视可持续发展

马尔代夫在海岛开发过程中特别重视海岛规划，避免盲目开发。从

海岛开发之初至今，马尔代夫已制定了多个海岛开发计划。国家在批准海岛开发前，由专门委员会对海岛地理和资源生态状况进行考察，经科学论证后才决定是否批准开发岛礁。为了促进旅游岛的建设，马尔代夫政府不仅注重公共基础设施的建设，还十分重视人力资源的培养。马尔代夫 1981 年就修建了国际机场。全国实行免费教育，各环礁都设有一个教育中心，还建立了专门的旅游学院加强就业技能和敬业精神的培训。在国际旅游岛的开发过程中，马尔代夫政府还制定了非常细致的环境管理政策，不断加强自然环境的保护。早在 1984 年，马尔代夫就成立了国家环境保护委员会，加强环境管理，出台珊瑚岛、暗礁、海洋和陆地环境的严格保护措施。

（2）夏威夷：注重政府和市场协调、保护本土文化、注重本地居民利益

对市场力量的过度依赖曾经导致了夏威夷的过度开发。夏威夷欧胡岛的过度开发就源于缺乏早期的建设规划，出现建筑密度过大和海滩生态退化的现象。不过夏威夷当地政府及时采取措施，由之前单纯依靠市场过渡到政府适度干预。政府逐渐开始扮演组织者和协调者的角色，但是并非全面的管理者。其主要职能是，以可持续发展的方式对夏威夷旅游发展进行战略管理，促进实现经济发展的目标、文化价值和自然资源的保护和社区诉求。

夏威夷在旅游开发中最成功的经验之一就是对本土文化的保留与保护，这也是吸引旅游者非常重要的因素。夏威夷文化保护的经典案例就是建于 1963 年的波利尼西亚文化中心，很好地保存了几百年来波利尼西亚人的历史和文化传统。夏威夷旅游岛发展另外一个成功的经验就是政府非常注重本土人民的利益。在发展的过程中，政府努力让所有当地人都受益，把当地人和旅游岛的发展联系在了一起，以此来培养全社会的

旅游意识。另外，夏威夷政府还注重旅游业的创新转型。夏威夷政府不断促进旅游业的结构转型，在保持旅游业稳定发展的同时，降低对生态系统的破坏。如建立"夏威夷会展中心"，将对生态资源的开发消耗转向观光型室内旅游。

(3) 济州岛：政府引导与环保先行

2002年1月26日，韩国政府就颁布了《济州国际自由城市特别法》，规划将济州岛建设成为国际化的旅游、休闲、会展城市。在建设过程中韩国政府坚持的一个准则就是，注重政府和市场的协调，政府引导的同时不影响市场运行。一方面，韩国政府加强金融税收优惠政策和资本、人员流动性政策的引导，将资本引向政府宏观规划的项目上；另一方面，韩国政府非常重视充分发挥市场的作用，如济州岛旅游市场中的企业都是市场自发形成的，政府本身并不拥有具体的旅游企业。另外，韩国政府还非常注重岛屿的环境保护，在济州岛开发之初就确定了环保先行的准则。如政府通过立法严格禁止工业入驻济州岛，政府对于各类项目开发的环保方面标准进行严格评估。

(4) 巴厘岛：重视开发本土文化

虽然巴厘岛拥有丰富的自然旅游资源，如明媚的阳光、广阔的沙滩、静谧的山谷和绚烂的朝霞晚霞，但是巴厘岛政府早在规划巴厘岛旅游产业发展的阶段就认识到，单纯依托丰富的自然资源打造旅游胜地，无法突出特有的巴厘岛旅游文化这一真正吸引游客的元素。因此在旅游岛的建设过程中，政府注重利用巴厘岛独特的本土文化，以此提供丰富的旅游产品。巴厘岛在开发的过程中通过保持原生态的完整性、尊重当地居民的宗教信仰和生活习惯、注重保持原有历史村落的原貌来保持传统的本土文化资源，塑造独特的旅游元素。

3. 经验与启示

通过对上面这些国际著名旅游岛发展建设过程中政府所发挥作用的分析，为海南政府在国际旅游岛的建设方面如何发挥积极作用，提供一些政策启示。

（1）重视发挥政府在开发建设前期的规划和立法作用

旅游岛的开发建设是一项系统工程。缺乏系统的规划，容易导致盲目、无序的开发，更难以实现对旅游岛的战略定位。上文所述旅游岛的建设经验表明，海南国际旅游岛的建设也需要从旅游岛的战略定位出发，政府要加强旅游岛的前期规划工作，以此来指导和规范旅游岛的开发建设。同时也需要重视这些规划的执行，可借鉴国际经验，以法律形式明确规划的法律地位，维护规划的严肃性，保证资源开发的有序和可持续。

（2）在开发建设过程中应正确处理政府与市场的关系

国际经验表明，在旅游岛的建设过程中，政府和市场的力量缺一不可。单纯依靠市场，可能导致无序的竞争和资源的过度开发；而单纯依靠政府，很难提高资源的配置效率，充分发挥旅游资源的效益。在海南国际旅游岛的建设过程中，同样需要协调好政府和市场的作用。值得指出的是，在旅游岛建设的不同阶段，政府和市场的作用重点也不一样，如开发初期，需要依靠政府在基础设施建设方面的组织和协调作用；而在发展和运营阶段，则需要更多发挥市场的资源配置作用。

（3）注重保护和利用本土文化

"本土文化"是几乎所有的国际旅游岛都非常注重的资源要素。缺乏本土特色文化支持的旅游业，必然会面对更多的同质化竞争，很难塑造国际知名的旅游品牌，形成自身的核心竞争力。因此，政府在推进海南国际旅游岛建设的过程中，要正确把握传承与创新的关系，充分认识本土文化资源在国际旅游岛建设中的意义和作用，积极发挥文化资源的作用，促进传统文化与现代文化交相辉映，以此来创造独特的品牌旅游资源，培育国际旅游岛的核心竞争力。

（4）政府应加强环境监管和稀缺旅游资源的专门监管

保护环境是众多成熟的国际旅游岛政府工作的重点。优美的环境几乎成为每一个国际旅游岛的重要品牌元素，也是吸引游客和投资的关键。环境资源既是旅游岛竞争力的所在，也是旅游岛能长期可持续发展的基础。一味地过度开发或者缺乏有效的保护措施，将会破坏国际旅游岛整体形象，也将阻碍旅游岛的发展进程。海南国际旅游岛建设同样需要处理好旅游开发与环境保护的关系，在建设国际旅游岛的过程中做好环境保护工作，建设可持续发展的国际旅游岛。

稀缺旅游资源尤其是稀缺的自然旅游资源，例如世界自然遗产、国家公园、风景名胜区、奇特自然景观等，具有某种公共物品的属性。如果政府不积极进行干预，这些旅游资源将无法得到合理利用和充分保护。例如，在旅游旺季时景区会因追求短期利益而超量接待旅游者，很多旅游景区游客人满为患，远远超出景区接待游客能力的极限，严重破坏旅游景区的生态环境。因此，海南旅游资源的开发、保护和可持续性发展需要政府发挥重要作用。

四、海南政府职能转变的主要思路和重点任务

1. 主要思路

政府职能转变是海南国际旅游岛建设顺利推进的前提条件，其核心是适应海南国际旅游岛建设的新要求，按照全岛一盘棋的原则，处理好

市场与政府的关系，以及各级政府间的关系。既要重视发挥市场配置资源的决定性作用，也要转变政府职能，该退出的领域坚决退出，该下放的坚决下放，该加强的坚决加强，该上收的坚决上收，与此同时也要特别重视解决好政府在某些领域缺位的问题。

结合海南国际旅游岛建设面临的问题和新要求，海南政府职能转变的主要思路如下：

要充分把握住海南特区"先行先试"的机遇，以理顺省、市县等不同层级政府的权责关系作为政府职能转变的突破口，重点推进三个方面的体制改革——规范市场秩序，完善市场竞争机制改革；提升公共服务水平，建立服务型政府；规范政府行政行为，加强法治政府建设。同时要不失时机、协调配套地推进相关配套改革。

2. 三大重点任务

（1）规范市场秩序，加强市场基础性制度的建设

政府职能转变不应仅仅局限于项目立项、审批等常规性行政工作的改革，更重要的是结合国际旅游岛建设中既有的和新出现的矛盾和问题，通过完善相关的基础性制度，规范市场竞争秩序，促进市场有效充分竞争，减少市场负外部性等。其中最为重要也最为迫切的制度建设是：①与旅游行业相关的监管制度建设，包括旅游市场的信用体系建设、旅游企业的市场准入、旅游产品和服务的质量和价格规制等；②与资源、环境、安全等密切相关的更加严格的规章制度建设。随着旅游岛建设的加快，土地、海洋、林木等资源的开发都将加快，区域内人口规模扩张，人口聚集程度加强，都需要建立严格的生态环境规章制度，实现经济与环境的协调发展。

（2）提升公共服务水平和行政效率，加快建立以"社会管理和公共服务"为核心的服务型政府

在国际旅游岛的建设过程中，政府的作用不可或缺，但是政府应明确自身的定位，政府职能的重心要从"经济发展、项目投资"转向"服务经济、服务社会"，积极主动地由"建设主体、投资主体"转变为"公共服务的提供主体"，建设以社会管理和公共服务为核心职能的服务型政府。服务型政府建设的重点包括三个层面：一是加大力度解决政府在社会管理和公共服务领域的"缺位"问题；二是要加快推进城乡之间、市县之间、不同社会群体之间基本公共服务的均等化，解决均衡和公平问题；三是要通过行政区划调整、政府组织机构的完善、引入市场化机制（如向社会购买服务）等，提高行政效率和公共服务提供的效率。

（3）规范政府的行政行为，加强法治政府建设

在经济全球化、国际经济联系日趋紧密的发展背景下，各种资源要素具有很强的流动性，哪里政府管理规范，行政效率高，服务环境好，执法行为规范，哪里就能吸引更多的资金、技术和人才。因此，海南在加快国际旅游岛的建设过程中，要特别重视法治政府的建设，可将其作为聚集优质发展资源要素的路径之一。此外，在国际旅游岛的建设过程中，社会矛盾和利益冲突难以避免，也需要通过法治政府的建设，为保障国际旅游岛的建设和社会和谐稳定发挥更大的作用。重点是围绕行政决策、行政执法、行政公开、行政权力监督、行政化解矛盾纠纷等环节深入推进相关的制度建设，创新执法方式，规范执法行为，加快建设依法行政、廉洁高效的服务型政府。

五、政策建议

1. 海南省应尽快采取的政策措施

（1）进一步理顺省、市县政府的职责，释放省直管县的优势潜力

海南目前的行政组织架构，无论是纵向还是横向都存在着一些权责不匹配、权责界定不清晰的问题，尤其是省直管县市和地级市的权责划分，影响到省直管县体制优势的发挥。因此，应把握全国深入推进行政管理体制改革的时机，进一步理顺省市县政府的职责，积极探索市、县治理的改革，而不是简单地将权力下放至下一级政府，谨防出现政务下沉、政府职责虚化的现象。改革的总体方向应为——强化省级政府的决策、规划和监督职能，加强县市级社会管理和公共服务职能。

（2）充分把握先行先试的改革机遇，加快推进配套改革

海南作为经济特区，要在未来建设国际旅游岛的过程中，大胆探索，充分利用改革的先行先试权，创建更富有活力的体制机制。具体包括六个层面：一是加快机构设置、人员编制、考核制度等方面的改革，为国际旅游岛的建设创造良好的体制环境，对限制开发区域和生态脆弱区域取消地区生产总值考核。二是以不同层级政府的事权划分为基础，进一步优化政府间权责的配置，加快在省内建立财政平衡体系，推动基本公共服务均等化，加强政府服务能力建设。三是结合国际旅游岛特殊的人口特征、环境特征、产业特征等，积极探索政府出资向市场购买公共服务，在保障服务供给质量的前提下，有效降低公共服务供给成本，提高运行效率。四是充分利用各种现代化的信息手段，建立和完善旅游产品质量监控体系，利用现代信息技术构建旅游监管服务平台，加强对旅游产品提供的全过程质量监控。五是根据国际旅游岛建设的要求，率先划

定生态保护红线，建立资源环境承载能力监测预警机制，对水土资源、环境容量和海洋资源超载区域实行限制性措施。六是率先改革生态环境保护管理体制，建立和完善严格监管所有污染物排放的环境保护管理制度，独立进行环境监管和行政执法。

（3）按照全岛一盘棋的理念，结合城镇化发展的要求，统一规划旅游岛建设方案，分地区分阶段实施

围绕国际旅游岛的要求，统筹制定国民经济和社会发展规划、国土空间规划、产业发展规划和城乡发展规划、人口资源环境规划，做好不同规划之间的相互衔接和不同行政层级规划之间的衔接。

同时，区分轻重缓急，选取带动效应大、基础条件好的重点领域，优先推进。之后随着财力物力和人力状况的改善逐步扩展，最终全面实施各项规划。

（4）借鉴国际经验，实施与国际同类区域相当的旅游行业监管法规和行业质量标准

建立严格规范的行业规制标准是保障本地区旅游产业稳定、健康、可持续发展的重要前提。相关管理部门应在充分借鉴国际经验的基础上，遵循"绿色旅游、生态旅游"的发展理念，着眼于本地区长远发展的战略高度，进一步加强行业规范管理，尽快建立与国际同类区域相当，甚至更为严格的旅游业规制标准，保护旅游者的合法权益，维护良好的旅游市场秩序，保护优质旅游资源的合理开发利用。

（5）适应政府职能转变的要求，充分发挥行业协会的作用

旅游业是海南国际旅游岛建设的重要支柱性产业。在行业管理上除了要建立严格的行业规制标准之外，在行业组织管理模式上也要敢于创新，尽快建立与国际旅游岛建设相适应的协会架构、运作模式，要进一步发挥行业协会在承接部分政府职能、实施行业管理和改善行业服务等

方面的作用。同时，要推动行业协会国际化的建设，为国际旅游岛的建设创建国内外旅游市场信息交流合作的平台。

2. 争取国家层面支持的政策措施

（1）争取国家相关部门的支持，加快构建地方税体系

海南尚属于经济欠发达地区，在现行财政体制下，其自身财力尚难以满足本地公共服务不断提高的要求。为此，海南应在不违反国家税政统一原则的前提下，结合国际旅游岛建设的实际需求，向国家有关部门争取探索率先开征若干地方性税种，如以房地产税和土地使用税为主的物业税；又如，可在技术标准和征收手段较为成熟、生态环境影响较大的领域开征环境税，在改善公共服务可用财力的同时，也有利于构建促进绿色发展的税收激励机制。

（2）积极开展基本公共服务一体化的制度探索

随着国际旅游岛的建设，基本公共服务的对象更为复杂，既包括本地区户籍人口，也包括大量常住人口、流动人口。如何实现社保、医疗、教育等基本公共服务政策和制度在城乡之间、省内不同地区之间，以及本省与外省市之间的有效衔接，是国际旅游岛建设面临的重要问题，亟需国家层面上的政策协调。

（3）积极开展行政区划方面的改革

国际旅游岛建设的加快将进一步推动海南城市化的发展。为了提升资源要素配置效率，适应城市经济发展的内在需求，不断提高行政效率、降低行政成本，应适时推进行政区划改革的相关探索，包括理顺行政区和功能区的管理体制，将一些符合条件的县（市）升格为地级市，更有效地配置城乡资源。此外，海南已实行了多年省直管县以及相关行政机构的改革，为行政区划调整奠定了一定基础，可在积极稳妥的原则下加快实施配套的改革。

专题七 | 金融支持海南国际旅游岛建设研究

2009 年 12 月，国务院颁发《国务院关于推进海南国际旅游岛建设发展的若干意见》，明确提出要"建设海南国际旅游岛，打造具有国际竞争力的旅游胜地"；2010 年 6 月，国家发改委批复《海南国际旅游岛建设发展规划纲要（2010～2020)》，海南国际旅游岛建设迈入实质性阶段；2012 年 9 月，国务院颁发《全国海洋经济发展"十二五"规划》，其中的海南国际旅游岛建设定位成为区别于其他海洋经济省份发展定位的一大亮点。因此，海南省在发展海洋经济过程中，应紧紧围绕国务院对海南建设国际旅游岛的战略定位，以国际旅游岛建设带动海南海洋经济发展，实现与其他海洋经济省份差异化的发展道路。

海南国际旅游岛建设离不开金融业的发展和支持，一是国际旅游岛建设中的重点产业如旅游业、服务业、热带农（渔）业、高端制造业等的发展需要多元化、高效率的金融体系支持；二是金融作为高端现代服务业，其自身发展也将有利于加快国际旅游岛建设，以财富管理、健康养老保险、离岸金融等为抓手的金融创新，在资金、人才、品牌集聚等方面都将大大提升国际旅游岛的辐射力。

当前中国金融体系正在发生着深刻变化，金融改革、金融深化与金融创新将是未来金融业发展的主旋律。海南国际旅游岛建设应把握住中国新一轮金融改革的历史机遇，利用新的金融业态、金融政策为国际旅游岛建设增添动力和活力。

一、海南省金融业发展现状与问题

1. 海南省金融业发展现状

近几年，海南省金融业发展迅速，金融组织体系逐步完善，金融总量持续增长，对地方经济的贡献度也明显上升。

截至 2012 年末，全省银行业金融机构共 50 家（含 12 家全国性银行、1 家外资银行、3 家农村商业或合作银行、9 家村镇银行、18 家农信社、3 家财务公司、4 家金融资产管理公司），证券业金融机构 6 家（含 2 家证券公司、4 家期货公司），保险业金融机构 23 家（含人身保险公司 11 家，财险公司 12 家）。除此之外，近几年，海南省各类新型准金融机构或金融服务机构也取得了较快发展，包括小额贷款公司 34 家、融资性担保公司 47 家、股权投资基金 6 家、融资租赁公司 2 家、农村资金互助社 3 家。一个多元化、多层次、多功能的金融组织体系完善，有助于更好地支持海南国际旅游岛建设。

金融业经营规模持续增长。截至 2012 年末，全省银、证、保三大类金融机构资产规模总额达 7521.24 亿元，同比增长 18.19%；全省银行业金融机构本外币存款余额 5109.7 亿元，同比增长 13.43%，贷款余额 3889.63 亿元，同比增长 21.76%，存贷比达 76.12%；保险业保费收入 60.27 亿元，同比增长 12.14%（见表 1）。

金融对地方经济的贡献度明显上升。2007 年至 2012 年，全省金融业增加值保持高速增长态势，其占地区生产总值和第三产业增加值的比重也逐步上升（如表 2 所示）。

表1　　　2007～2012年海南省银行业金融机构经营情况表（%）

年份	存款 同比增速	贷款 同比增速	存贷比 同比增速	银行业资产规模 同比增速	不良贷款率
2007	20.04	9.32	65.66	1.69	15.63
2008	25.51	12.66	58.85	50.00	4.19
2009	35.09	40.29	61.11	45.43	2.66
2010	32.80	29.31	59.51	32.82	1.98
2011	6.81	27.11	70.92	13.19	1.38
2012	13.31	21.75	76.12	17.62	1.06

表2　　　　　　2007～2012年海南省金融业增加值情况表

项目/年份	2007	2008	2009	2010	2011	2012
金融业增加值（亿元）	34.43	47.33	65.73	78.12	106.32	130.98
占第三产业比重（%）	7.13	8.06	8.87	8.26	9.31	9.77
占GDP比重（%）	2.80	3.24	3.99	3.81	4.23	4.59

2. 海南金融业发展中面临的主要问题和挑战

尽管海南金融业发展取得长足进步，但其发展中存在的问题也较为突出，尤其是海南国际旅游岛建设对金融业发展提出了更高更迫切要求。

一是海南省金融业总体规模不大，金融业增加值占GDP的比重低于我国金融业"十二五"规划中5%的全国平均水平。即使与经济规模相当的省份（如宁夏）比较，海南省金融业发展基础也较薄弱（见表3）。

表3　　　　　　部分省份2012年金融业发展情况比较

	GDP （亿元）	存款余额 （亿元）	贷款余额 （亿元）	保费收入 （亿元）	金融业增加 值（亿元）	金融业增加 值/GDP（%）
广西	13031	15966	12356	238	560	4.3
云南	10310	17966	13848	271	548	5.3
新疆	7466	12331	7914	236	364	4.8
贵州	6802	10540	8275	150	358	5.2
海南	2855	5110	3890	60	131	4.6
宁夏	2327	3507	3372	63	165	7.2

数据来源：各地统计局。

　　二是海南国际旅游岛建设对金融业发展提出迫切要求。根据《海南国际旅游岛建设发展规划纲要（2010－2020)》，到2015年，海南GDP总量达到3430亿元，年均增速13%，第三产业增加值比重达到50%；到2020年，GDP总量达到6900亿元，年均增幅15%，第三产业增加值比重达到60%。按照国际惯例，第三产业增加值比重超过60%意味着进入服务经济阶段。从国内已经达到这一标准的几个城市看，北京2002年达到，其中金融增加值占第三产业的比重在20%以上；上海2012年达到，金融增加值占第三产业比重也在20%左右；广州2009年达到，其中金融增加值占第三产业比重在11%左右，这是基于广州传统服务业的优势。因此，即使保守估计海南2020年拟进入"服务经济"阶段，金融业增加值占第三产业的比重达到15%，金融业增加值年均增速也将在24%以上（见表4）。

表4　　　　　　　　　2012～2020年海南省金融业增加值增速预测

指标	2012 年	2015 年	2020 年	2020 年
第三产业增加值/GDP	47%	50%	60%	60%
金融业增加值/第三产业增加值	9.77%	12%（假设值）	15%（假设值）	20%（假设值）
金融业增加值/GDP	4.59%	6%（预测值）	9%（预测值）	12%（预测值）
金融业增加值增速	23%（同比）	24%（2013 至 2015 年年均）	25%（2015 至 2020 年年均）	32%（2015 至 2020 年年均）

　　三是海南金融结构失衡问题较为突出。从金融组织类型看，一方面银行类金融机构数量占绝大多数，信托、证券、期货、金融租赁等非银行金融机构以及其他各种类型新型金融机构（如小额贷款公司、担保公司、股权投资基金等）数量偏少，难以利用多种渠道满足不同的金融需求①；另一方面地方性金融机构占比较少，海南省无地方性城商行、法人

---

　　①　例如相同经济规模的宁夏，其小额贷款公司有130家左右，而海南仅有34家。

财产保险公司、法人信托公司、金融租赁公司等，这并不利于充分利用好本地资金用于国际旅游岛建设。如果扣除政策性银行的贷款规模，海南商业银行存贷比仅 45% 左右，说明资金外流现象较严重。从融资结构看，该省过多依赖间接融资渠道，社会融资总量中，直接融资占比仅 20% 左右，且以股票和传统企业债融资为主，较少利用银行间债券市场、私募股权投资以及区域性场外市场等多种直接融资渠道。

二、结合国际旅游岛战略定位争取国家金融支持政策

1. 国际旅游岛建设战略定位

《国务院关于推进海南国际旅游岛建设发展的若干意见》（以下简称《意见》）明确提出海南国际旅游岛的战略定位是：国家旅游业改革创新试验区、世界一流海岛度假目的地、全国生态文明建设示范区、国际经济合作和文化交流重要平台、南海资源开发和服务基地、国家热带现代农业基地。根据《意见》精神，2010 年《海南国际旅游岛建设发展规划纲要（2010－2020）》（以下简称《纲要》）提出了海南国际旅游岛建设的主要产业布局，其中具有国家政策支持或国家战略意义的主要包括：以旅游业为龙头的现代服务业、以热带农业为龙头的现代农业以及以南海资源开发为主的海洋经济。因此要发挥好金融支持国际旅游岛建设的作用，尤其是为争取到国家相关金融政策的支持，海南金融支持政策应与以上国家战略定位紧密结合。

2. 国际旅游岛建设面临新的历史机遇

2013 年 11 月 12 日，党的十八届三中全会通过《中共中央关于全面

深化改革若干重大问题的决定》（以下简称《决定》），就未来八年（到
2020 年）中国全面深化改革做出总体部署，对中国经济社会转型发展具
有十分重要的战略意义。

《决定》的颁布也给海南国际旅游岛的建设创造了新的历史机遇。
《决定》中关于加快土地制度改革、健全城乡一体化体制机制、加快自由
贸易区建设、扩大内陆沿边开放等措施都对国际旅游岛的建设注入了新
的活力。在金融方面，允许民营资本设立中小银行、健全多层次资本市
场体系、有序提高跨境资本和金融交易可兑换程度、加快实现人民币资
本项目可兑换等改革措施也将有利于发挥金融服务国际旅游岛建设的
作用。

3. 结合国家战略定位争取金融支持政策

2009 年《意见》与 2010 年《纲要》都提出要加快海南金融业发展，
2013 年海南省政府专门出台《关于金融支持海洋经济发展的指导意见》，
对金融支持国际旅游岛建设、支持海洋经济发展提出了具体要求。从目
前政策内容看，可分为两个层面，一是通过省内政策鼓励和引导金融支
持实体经济以及促进金融业自身进一步完善发展；二是需要国家政策支
持，通过金融创新以加快海南国际旅游岛建设。下面主要结合国际旅游
岛的国家战略定位以及十八届三中全会《决定》的有关内容，分析可能
争取到的国家层面金融支持政策①。

一是鼓励各种类型金融机构入驻试验区。对在试验区内注册的、符
合一定条件的金融机构或新型金融机构给予 15% 的企业所得税优惠。尤
其是在吸引信托公司、各类资产管理公司、基金公司、私募股权投资基

---

① 本文主要谈金融创新或金融政策的总体思路，具体的可行性和操作性分析不展开论述。

金、产业投资基金、金融租赁公司等非银行金融机构方面，可降低进入门槛，加大政策支持力度。

二是允许在试验区内注册的、符合一定条件的涉旅企业或金融机构在国务院批准的额度范围内，到境外（主要是香港）发行人民币债券，用于岛内旅游项目开发建设。

三是扩大跨境人民币结算试点额度，提高涉旅企业跨境贸易和跨境资本人民币结算额度；支持外资（含香港）股权投资基金投资国际旅游岛建设，探索外资股权投资企业在资本金结汇、投资、基金管理等方面的新模式。

四是开展以服务贸易为主的离岸金融业务试点。允许国内大型涉旅企业以及跨国涉旅企业集团在海南建立区域性财务中心，统筹境内境外资金结算、调拨和境外投资；允许两个保税区内的企业开立离岸账户；允许大型商业银行设立离岸业务部试点离岸金融业务；给予试点企业和试点银行融资性对外担保业务专项余额指标；对离岸融资租赁业务给予进出口政策便利，从境外以免税或保税方式进口的飞机、船舶、石油钻井平台、油气开采设备、邮轮游艇（用于南海旅游）、高端医疗设备等及其维修，准予办理融资租赁业务，并享受国家相应税收优惠政策，用于支持南海大开发。

五是支持建立旅游资产交易市场。中国旅游市场空间巨大，但由于缺乏有效的市场化运作模式，导致很多旅游资源流动性不强、管理效率不高、信息披露不够。因此，海南可以利用建立国家旅游业改革创新试验区的契机，建议国家支持在试验区设立旅游资产交易市场，让涉旅资产的交易（如景点收益权、酒店产权或股权、涉旅企业产权或股权、涉旅房地产项目私募融资等）可以通过该交易平台阳光化、市场化，这不仅有利于盘活我国涉旅资产存量，也将有利于我国旅游产业的兼并重组和做大做强。

六是鼓励设立消费金融公司，鼓励其在岛内开展旅游消费金融产品创新。目前国内仅有四家消费金融公司在试点，2013 年 6 月，国务院常务会议指出要进一步扩大消费金融公司试点。海南可利用这一契机，鼓励在海南新设消费金融公司，重点加强对旅游消费金融产品的创新，为个人旅游消费提供便利的金融服务。

七是支持海南开展农村金融创新试点。现代农业主要是指集约化、规模化、产业化的农业生产经营模式，即"企业＋合作组织＋基地＋农户"，农业生产模式的转变也需要与之配套的金融服务体系进行转变。当前海南通过引入村镇银行、农村资金互助社等新型农村金融机构，进一步完善农村金融体系，加大对农村农业的资金支持，在一定程度上有利于当地农业经济的发展。但是，现有的农村金融体系仍是以规模小、数量多的县级法人农信社、农商行、农村合作银行、村镇银行为主，这并不能适应现代农业经营模式转型的融资需求。考虑到海南农信社系统历史包袱较重，单家法人农信社规模较小，难以满足现代农业规模化、产业化生产方式等因素，可以提请国家支持在海南试点金融服务现代农业模式创新，包括允许海南将现有农信社系统组建成一级法人或二级法人进行改革试点，通过改革试点增强农信社服务现代农业生产方式的能力，也提高农信社自身的抗风险能力；允许海南开展林权、土地权、海域使用权等产权流转制度与金融抵押服务创新；允许海南开展农业保险创新试点。

八是加大政策性金融对南海开发的支持力度。南海资源开发建设对国家具有十分重要的战略意义，应争取得到国家政策性金融机构对南海资源开发、渔船改造升级的信贷支持；通过再保险或财政补贴方式支持商业保险公司开展海上保险产品创新。

三、结合海南自身优势挖掘金融创新潜在机遇

1. 以财富管理为契机打造辐射东盟的"财富岛"

近几年，中国财富管理行业经历了一个爆发式增长阶段，银行理财规模从 2011 年底的 4.5 万亿元增长到 2013 年上半年的 9.85 万亿元，资金信托规模从 2011 年底的 4.6 万亿元增长到 2013 年上半年的 8.9 万亿元，券商资产管理规模从 2011 年底的 0.3 万亿元增长到 2013 年上半年的 3.4 万亿元，基金公司管理的资产规模从 2011 年底的 2.1 万亿元增长到 2013 年上半年的 3.5 万亿元。中国金融行业已进入一个泛资产管理快速发展和创新的新时代。中国财富管理行业的快速发展，不仅带来了投融资方式的创新和变革，而且也加快了金融混业经营的步伐，对中国金融体系的业态和监管架构都将产生深远影响。

然而，一个区域性的财富管理中心的建设一般是以区域的经济总量、人均收入状况等为前提条件，从目前国内明确提出要建立区域性财富管理中心的地区看，几乎都是位于沿海的经济发达的省市，如深圳、广州、青岛等。而从海南实际情况看，无论是经济总量、金融业发达程度还是居民收入水平等指标，都明显落后于这些地区，那么海南是否适合发展以财富管理为特色的金融业态呢？如何结合自身优势寻求差异化财富管理模式呢？

（1）结合国际旅游岛建设的优势，发展以私人银行为特色的财富管理

私人银行属于高端的、定制化的财富管理，目前国内大型银行、股份制银行以及部分城市商业银行都建立了专门的私人银行业务部或事业

部,客户资金门槛在 800 万元或 1000 万元以上。通过私人银行这一平台,可以整合银行、券商、基金公司、信托公司、保险公司、私募基金以及其他各种类型金融机构的资源,为高端客户提供全方位定制化的金融服务,其业务模式已经打破传统分业经营限制。除金融服务外,国内私人银行还为高端客户提供更加个性化、高附加值的其他服务,如医疗、旅游、教育等咨询服务。例如,目前国内一些私人银行通过与专业中介机构合作,可以为客户提供海外美容、海外旅游体检、海外移民、海外教育等高端服务,也可以为客户提供红酒、珠宝、奢侈品、帆船游艇等高端消费品服务。因此,私人银行所掌握的高端客户资源可以成为海南国际旅游岛发展高端旅游消费行业的重要突破口,在此基础上可以逐步延伸产业链,挖掘以金融服务为主的财富管理业。

在政策引导上,前期可以引导各商业银行在海南设立私人银行分支机构,鼓励私人银行与国内外高端消费行业中介机构在海南开展以高端消费为特色的产品创新和推介,带动旅游医疗、帆船游艇、低空飞行等高端消费业的发展;在此基础上,引导商业银行私人银行部针对来岛度假居住的高端人群的特殊需求开发定制化的理财产品,以吸引高端人群的资金流入岛内。同时,海南可以积极引入信托、券商、基金、私募基金等泛资产管理机构进驻岛内,这些机构的进驻不仅可以提供更加丰富的金融产品,而且可以完善岛内金融结构。

(2)为岛内居民以及来岛长期居住的人群提供有特色的理财服务

为长期居住在岛内度假的老人提供有针对性的理财服务,也可以是海南发展财富管理行业的一大亮点。目前来岛购房居住的老人数量每年递增,针对这一庞大的客户群体,海南的商业银行可以积极开发有针对性的理财产品创新,例如在理财产品期限和流动性、理财产品与保险产品结合、理财产品与医疗服务结合等方面,商业银行都有较大的创新空间。

同时，针对来自俄罗斯、韩国、东盟华侨等来岛长期居住的外籍人士，海南也可以通过引入外资银行、QFII、RQFII 等金融机构为其提供全方位的理财服务，尤其是周边国家资金流入岛内对于稳定周边局势有所帮助，但这需要国家对海南在离岸金融以及资本账户开放方面给予一定政策支持。

2. 结合国际旅游岛建设的优势，发展健康养老保险"创新岛"

第六次全国人口普查显示，我国 60 岁及以上人口已占 13.26%，比2000 年上升近 3 个百分点。"十二五"期间我国人口老龄化趋势将进一步加速。到 2015 年，中国 60 岁以上老年人口将达 2.16 亿人，约占总人口的 16.7%，年均净增老年人口 800 多万人。

海南已成为全国著名的养老首选目的地，但目前来岛养老的模式主要是个人购买物业，分散居住。这种模式从短期看有利于拉动岛内房地产市场的发展，但从长远看，其弊端也十分明显。一是房屋闲置率较高；二是公共医疗服务压力较大；三是分散居住不利于形成社区文化和品牌效应。而从国外经验看，以社会化服务和家庭化环境为特征的原居养老模式已成为现代养老服务业发展的总趋势，尤其是大量专业的商业机构进入该领域，加速了国际养老产业的发展和模式创新。从我国现状看，保险公司投资设立养老社区正刚刚拉开序幕，2009 年泰康人寿获得中国保险行业第一个养老社区投资试点资格，2012 年泰康人寿在北京率先推出入住养老社区的保险产品，之后合众人寿也在武汉推出了类似保险产品，中国人寿、新华人寿等保险公司也正在积极研发和拓展此类项目。从产业链来看，养老社区向上衔接医疗保险、护理保险和养老保险等产品，推动保险产品的创新，同时带动下游的老年医学、护理服务、老年科技产品等产业，能够极大地延伸和扩展寿险产业链，同时有效整合关联产业。

海南发展养老产业具有独特优势，结合国内保险公司探索养老社区创新模式的历史机遇，海南可积极引入国内外保险公司、国内社保基金以及国际著名养老金机构到岛内开发养老社区项目，并带动岛内养老护理保险产品的创新以及养老产业的升级转型。

3. 深度挖掘论坛经济，打造金融思想碰撞的"智囊岛"

海南自然风光优美，是国内高端会展、高端论坛召开的重要基地，尤其是每年秋冬季节，海南岛各类会议密集，博鳌论坛更是提升了海南国际旅游岛的知名度，会展、论坛经济给海南当地经济发展的拉动作用越发凸显。但是，海南深度挖掘论坛经济附加值不够，例如许多重要企业、高端人士来岛参会仅仅停留数日便离开，很多重要的会议成果宣传度不够等，导致论坛经济带来的很多资源不能为本岛所用。

如何挖掘和利用论坛经济附加值？单从金融行业看，海南岛可以凭借其会展、论坛优势，为国内外金融机构的高管、高端人士、高层智库提供良好的办公场所、私人会所，逐步吸引国内乃至国际金融机构将部分研发中心、金融创新实验室落户岛内，并引入国内外知名财经媒体和节目的工作室，提高信息内外发布的效率，扩大基地影响力。

四、发挥金融支持国际旅游岛建设需要的其他配套政策

发挥金融支持国际旅游岛建设的作用，不仅需要国家诸多政策的支持，也需要海南省自身出台系列的配套政策，而往往后者是促进区域性金融业发展更关键的因素。

1. 对拟引入的相关金融机构或高端金融人才提供一定奖励政策

目前国内各省市，尤其是综合配套改革区和金融创新试验区，为吸引金融机构的入驻和高端人才的引进，纷纷出台各类优惠政策或奖励政策。在各地普遍大打"优惠"牌的基础上，部分地区在制定优惠政策时也开始凸显"差异性"。例如，山东青岛为打造财富中心专门出台了针对私人银行设立的优惠政策，如对新设立或迁入的私人银行给予一次性补助、私人银行办公用房优惠、高级管理人员子女入学等方面给予政策支持等。而深圳前海的优惠政策突出"精细"特点，其优惠政策列出了一份长清单，按照不同类型、不同规模金融机构进驻以及金融机构业务拓展分别给出具体的奖励政策，尤其在金融机构类型上，对于诸多新型金融机构的进驻都有详细具体的奖励政策。因此，海南在制定相关优惠政策时，也应结合自身拟重点发展的金融业态，突出"差异化"和"精细化"特点，让优惠政策更有针对性和可操作性。

2. 采用"政府引导、市场化运作"模式推动区域金融的发展

目前各地纷纷出台的优惠政策以及硬件设施已不是吸引金融机构和高端人才进驻的首要条件，区域市场化环境、信用环境、政府职能转变等"软环境"逐渐成为金融机构与高端人才考虑的主要因素。因此，如何处理好政府与市场的边界、行政职能与服务职能的转变等问题，是地方政府发展区域金融面临的重大挑战。例如，很多地方政府成立了各类金融业发展基金，如股权投资母基金、风险投资引导基金等，但这些政策性基金的引导作用是否能真正发挥作用，关键在于政府能否按照非盈利目的和市场化原则来运作。又如，各地政府成立了各类政策性担保公司和再担保公司，对于区域内融资环境改善发挥了明显作用，但这些政

策性担保公司自身的市场化管理和监管、如何避免政府信用滥用以及区域社会信用环境的建设等，才是融资环境改善的最核心问题。再如，各地政府通过成立金融控股开发公司来主导金融商务区的开发建设、招商引资、服务升级等，但金融控股开发公司自身的公司治理、市场化运作以及服务意识的转变，也是该模式能否成功的关键。因此，海南在促进区域金融业发展的过程中，关键是要处理好政府与市场的关系，真正发挥"政府引导、市场化运作"模式的作用。

3. 完善行政管理体制，调动省内各部门、各市区县积极性，降低协调成本，避免资源过度分散

金融业往往具有聚集程度高、辐射范围广等特点，因此，整合岛内金融资源，避免岛内各地区相互竞争而使资源过度分散，需要建立一套完善的行政管理体制。尤其是各地成立的跨行政区的国家级或省级经济功能区，如何与行政区协调合作，是地方经济金融发展中面临的重大挑战。从各地金融试点的实践看，通常需要政府划定一定范围的功能区作为区域金融发展平台。例如天津滨海新区内的于家堡金融商务区、重庆两江新区内的江北嘴中央商务区，分别是其发展区域金融的重要平台。这些金融商务区往往都是独立的功能区，有独立的管委会，商务区的开发问题往往涉及省市多个行政部门，协调成本巨大，如果商务区涉及跨行政区，还会面临金融商务区管委会与多个行政区的协调问题，因此建立完善的行政管理体制是发展区域金融的重要保障。从天津和重庆的经验看，一是金融商务区的开发建设往往得到省市最高领导的高度重视。例如天津于家堡金融商务区，由市委副书记、分管金融的常务副市长和分管建设的常务副市长亲自挂帅成立建设领导小组，而且分管金融的常务副市长一周两次到金融商务区指导和推进各项工作，因此各方协调充

分、效率高，规划推进速度很快。二是厘清和协调好金融商务区的社会管理和经济管理职责至关重要。重庆是在不动行政体制的情况下，以资本作为纽带，由两江新区管委会控股，各行政区参股，形成开发主体模式。天津是在统一了行政区后，分别组建社会管理机构和功能区管理机构，分别行使社会管理和经济发展职能。尽管模式不同，但都在很大程度上协调了行政区与功能区的关系，提高了建设效率。因此，未来海南在发展区域金融集聚时，也应重视相关管理体制的改革创新，降低协调成本，提高效率。